AF610099

LA

SCIENCE DU FOYER

8e SÉRIE IN-12.

L'ensemencement du thé.

LA SCIENCE DU FOYER

PAR Mlle BARBIER

LIMOGES
EUGÈNE ARDANT ET Cie, ÉDITEURS

INTRODUCTION.

Un jardin, une campagne, un palais, tout cela est un livre ouvert pour les enfants, disait Rollin, qui connaissait si bien l'art d'enseigner la jeunesse; mais il faut qu'ils aient appris ou qu'on les ait accoutumés à y lire. Rien n'est plus commun parmi nous que l'usage du pain et du linge : rien n'est plus rare que de trouver des enfants qui sachent comment l'un et l'autre se préparent; par combien de façons et de mains le blé et le chanvre doivent passer avant de devenir du blé et du chanvre. Il en faut dire autant des étoffes de laine, qui ne ressemblent guère à la toison des brebis dont on les forme, non plus que le papier à ces chiffons de linge qu'on ramasse dans les rues. Pourquoi ne pas instruire les enfants de ces ouvrages merveilleux de la nature, et de l'art dont ils font usage tous les jours sans y faire réflexion?

Et sans aller dans un jardin, dans une campagne, dans un palais, sans même sortir de notre maison, que de merveilles nous environnent! Ces meubles dont nous nous servons chaque jour, ce plancher que nous foulons aux pieds, ces vitres de nos fenêtres, ces glaces et ce papier qui décorent l'appartement, ces vêtements qui nous couvrent, ces mille et mille petits riens qui se trouvent à tout instant sous nos yeux. Ainsi, une épingle qui nous paraît si peu de chose et qui a passé pourtant par les mains de quatorze ouvriers, avant de venir dans les nôtres, une aiguille qui a exigé plus de cent préparations!

Et nous n'y pensons pas!

Les enfants de monsieur Leduc, honnête et digne homme qui avait amassé une petite fortune dans le commerce, et qui s'était retiré à la campagne pour s'y livrer sans distraction à l'éducation de ses deux fils et de ses trois filles, n'y pensaient pas plus que vous, cher bons lecteurs, quand, un beau matin, ou plutôt un beau soir, car c'était à la veillée, la conversation tomba par hasard sur les merveilles de l'industrie et de l'art, et que le bon père proposa à la petite famille un *voyage autour de la maison.*

— Un voyage autour de la maison, petit père? s'écria Laure, la plus jeune des filles de monsieur Leduc, charmante et sage enfant qui n'avait pas sept ans. Oh! ce sera bientôt fait et nous pourrons recommencer chaque soir sans crainte de nous fatiguer beaucoup.

— Soit, dit le père, et nous verrons des merveilles.

— Bien des merveilles, papa? répéta la petite incrédule en ouvrant de grands yeux.

Emélie, qui avait un an de plus que Laure, se récria avec la petite sœur.

Paulin, grand garçon de neuf ans, fit chorus.

Il n'y eut que les deux aînés, Edouard, qui avait onze ans, et Marie, qui en comptait presque dix, qui n'osèrent rien dire; ils n'en pensaient peut-être pas moins.

— Si nous descendons au jardin, verrons-nous des merveilles, Laure? demanda monsieur Leduc.

— Oh! oui, papa, de grandes merveilles, dit Laure; d'abord, le soleil qui se couche dans des nuages de pourpre, d'or et de feu, et la lune qui se lève si belle, si belle! Et puis le ciel, et puis les étoiles, et puis les arbres, et puis les fleurs, et puis....

— Toutes ces choses sont des ouvrages du bon Dieu, interrompit timidement Emélie, et c'est pourquoi ce sont autant de merveilles. Monsieur le curé nous l'a expliqué au catéchisme, et aussi papa et maman nous l'ont répété bien des fois.

M. LEDUC.

Et crois-tu l'homme incapable de faire aussi des merveilles, Emélie?

ÉMÉLIE.

Oui, parce que l'homme n'est pas un Dieu, et qu'il n'y a qu'un Dieu qui puisse créer, c'est-à-dire faire quelque chose de rien.

LAURE.

Faire quelque chose avec rien, rien du tout, c'est

bien là une merveille et la plus belle merveille.

M. LEDUC.

C'est créer, mon enfant, comme te l'a dit ta sœur. Mais si l'homme ne crée point, puisqu'il n'est point Dieu, et qu'il n'a pas, par conséquent, la toute-puissance ni la toute intelligence, il fait aussi des merveilles, des merveilles d'un autre genre, des merveilles d'art, d'industrie : ainsi, ce blé qui pousse et dont il fait le pain; ce raisin dont il sait tirer le vin, l'eau-de-vie, le vinaigre; le coton qui pousse aussi et qu'il...

LAURE.

Comment, papa, serait-il vrai? Il y a des champs de calicot, des champs de toile et des champs de soie?

Ce fut à qui rirait le mieux et le plus fort, de Marie, d'Edouard, d'Emélie, de Paulin.

La pauvre petite Laure était rouge jusqu'aux oreilles.

M. LEDUC.

Vous riez, mes enfants; et un seul de vous peut-il me dire comment est faite la soie?

MARIE.

Ce sont de petits vers qui la produisent.

LAURE.

Des vers! des vers de terre! Ces vilains et sales petits animaux qui me font si peur, sont-ils de si bons ouvriers? Ah! vous avez raison, papa, tout cela est merveilleux.

M. LEDUC.

Marie, dis-nous, puisque tu es si savante, si c sont les vers de terre qui produisent la soie?

MARIE.

Je ne sais, mon papa; mais j'ai lu quelque par que les vers qui font la soie sont appelés *vers à soie.*

ÉMÉLIE.

Et les carreaux des fenêtres, avec quoi sont-ils faits? Et les verres, et les bouteilles, et les glaces, et les miroirs?

LAURE.

Je suis sûre que c'est encore bien merveilleux : dites vite, papa.

M. LEDUC.

Le sais-tu, Edouard?

ÉDOUARD.

Non, mon papa.

LAURE.

Bien sûr, tout cela ne pousse pas...

MARIE.

N'est-ce pas fait avec certaines sortes de terre ?

M. LEDUC.

C'est cela même, ma fille.

LAURE.

Comment, c'est de la terre qui devient si belle e si transparente!

ÉMÉLIE.

Et la porcelaine? Je gage que c'est aussi de la terre.

PAULIN.

Mais vos bottes et nos souliers, papa?

ÉMÉLIE.

Oh! cela c'est du cuir.

LAURE.

Mais le cuir?...

ÉDOUARD.

Le cuir est fait avec la peau des animaux.

LAURE.

Et les boutons?

M. LEDUC.

Avec des os ou de la nacre.

LAURE.

Des os d'animaux? Ah! comme l'homme a de l'esprit!

M. LEDUC.

Eh bien! ma fille, diras-tu encore que l'homme ne saurait enfanter des merveilles?

LAURE.

Mais il n'a pas pu encore faire quelque chose avec rien : n'est-ce pas, papa?

M. LEDUC.

Et il ne le pourra jamais. Pour créer, ma fille, il faut la toute-puissance, et l'homme, ouvrage de Dieu, n'a pas une toute-puissance qui ne saurait appartenir qu'à la Divinité. Mais Dieu est si bon qu'en donnant à l'homme la nature et toutes les choses qu'il avait créées, il lui a encore donné le génie.

ÉDOUARD.

Ainsi l'on peut bien dire que toutes nos merveilles d'art et d'industrie viennent de Dieu, puisque c'est le génie de l'homme qui les a enfantées, et que le génie de l'homme est l'ouvrage de Dieu.

M. LEDUC.

Oui, mon fils; et c'est à Dieu que nous devons rendre grâces de toutes choses, en payant toutefois un tribut d'admiration et de reconnaissance à ceux qui ont créé ces merveilles d'industrie.

MARIE.

Mon père, qu'est-ce donc que l'industrie?

M. LEDUC.

Industrie veut dire le génie de l'invention ou de l'imitation uni à l'adresse de la main. *Avoir de l'industrie*, c'est posséder ce génie d'invention ou d'imitation joint à l'adresse de la main. *Exercer de l'industrie,* c'est exercer un métier.

PAULIN.

Mais, mon papa, toutes les merveilles de l'industrie n'ont pas été inventées d'un seul coup, n'est-ce pas? et dès que le monde a été monde...

LAURE.

D'abord, Adam et Eve ne connaissaient ni le drap ni la toile, puisqu'ils se couvrirent de peaux d'animaux en entendant la voix du bon Dieu...

M. LEDUC.

Laure t'a répondu, mon cher Paulin.

ÉDOUARD.

Mon père, n'y a-t-il point un proverbe qui dit *nécessité est mère de l'industrie?* J'imagine donc qu'à mesure qu'ils ont senti ou compris leurs besoins, les hommes se sont appliqués à les satisfaire, et que de là sont venues, petit à petit, toutes les merveilles dont nous jouissons aujourd'hui. Ainsi, je voyais l'autre jour dans mon histoire de France que l'art de peindre sur verre avait été découvert au quinzième siècle; le verre donc était déjà découvert.

EMÉLIE.

Je voudrais bien savoir si l'on avait fait de la porcelaine avant de faire du verre?

M. LEDUC.

Mes enfants, si nous nous occupons à la fois de verre, de cuir, de porcelaine, de boutons, de soie, de drap ou de toile, etc., nous confondrons toutes choses, et, après beaucoup de paroles et d'explications, nous ne saurons rien. Je ne demande pas mieux de répondre à vos questions, c'est même un plaisir pour moi; mais épuisons un sujet avant de passer à un autre. Ce soir il est un peu tard pour commencer; nous remettrons à demain et nous profiterons d'autant mieux de toutes les circonstances, que demain justement commencent les huit jours de vacances que je vous ai promis cette année. Pendant ces huit jours, nous ferons ce fameux voyage que je vous avais proposé autour de la maison, et nous contemplerons, nous admirerons toutes les merveilles qui se pressent en foule sous nos pas.

LAURE.

Je vous comprends actuellement, mon papa, et je vois que nous n'aurons pas même besoin de sortir de cette chambre pour vous demander beaucoup d'histoires; ainsi, l'histoire de cette table d'acajou, de ces rideaux de soie, de ce tapis de drap, de cette pendule, de ces coupes de bronze, de la serrure, de ce livre... Oh! ce doit être merveilleux, l'histoire d'un livre, car j'imagine que le premier livre n'a pas été fait par le bon Dieu au Paradis...

MARIE.

Mon père, Laure a raison; ce doit être bien merveilleux tout ce que vous aurez à nous dire sur un livre : il y a le papier, l'impression, la reliure...

M. LEDUC.

Oui, ma fille, tu l'as dit, c'est merveilleux. Mais, mes chers enfants, tout en félicitant notre Laure d'avoir si bien tracé l'itinéraire de notre grand voyage et d'en avoir si bien compris le but et l'objet, je vous engage à aller prendre un repos dont vous avez besoin pour être tout prêts demain matin.

Marie et Edouard donnèrent le bon exemple de l'obéissance, et moins d'une heure après, toute la petite famille était plongée dans le plus profond sommeil.

LES MERVEILLES

DE

LA MAISON.

CHAPITRE PREMIER.

Le Pain.

Le lendemain, on se retrouva au déjeuner. Mme Leduc, absente la veille au soir, présidait la table de famille; Laure lui raconta le voyage projeté avec beaucoup d'emphase et force exclamations de joie; la bonne mère voulut être aussi de la partie.

— Mon père, dit la charmante enfant, me permettez-vous de marcher en avant?

M. LEDUC.

Va, ma fille.

LAURE.

Eh bien! mon cher papa, sans bouger de ma

chaise, puisqu'il me reste encore à avaler une bonne tasse de chocolat, je rencontre, je crois, une merveille : ce morceau de pain...

ÉMÉLIE.

Un morceau de pain n'est pas une merveille, petite sœur, et tu aurais bien fait de te taire, puisque tout le monde sait comment on fait le pain.

M. LEDUC.

Tout le monde, Emélie? Tu vois bien que non, puisque Laure ne le sait pas encore. Et puisque tu es si savante, ma fille, je te charge de le lui expliquer.

PAULINE.

Moi, je vais mettre toutes mes oreilles; je ne le sais pas non plus, et je trouve que c'est honte de manger du pain sans savoir ce que l'on mange.

M. LEDUC.

Allons! nous t'écoutons, Emélie.

ÉMÉLIE.

Oh! j'ai vu Catherine maintes et maintes fois. Elle met de la farine dans le pétrin et elle la délaie avec de l'eau tiède, et puis...

MARIE.

Tu oublies, Emélie, qu'elle met en même temps dans le pétrin du sel et du levain.

ÉDOUARD.

Du levain? qu'est-ce que c'est que du levain, et à quoi cela sert-il?

ÉMÉLIE.

Du levain, c'est un vieux petit morceau de pâte tout aigri, parce que Catherine le garde d'une fournée sur l'autre. Cela me dégoûte toujours de voir le levain, et j'ai bien des fois supplié Catherine de n'en point mettre, lui assurant que le pain serait bien meilleur; mais elle est vieille, et elle veut faire ce qu'elle a vu faire toute sa vie.

MARIE.

Le levain sert à faire lever le pain, c'est-à-dire à faire fermenter la pâte.

M. LEDUC.

Cette fermentation rend la pâte légère. Si l'on n'employait pas de levain, la pâte resterait compacte, et le pain ne serait qu'un morceau de pâte saisi par le feu et sentant encore la farine.

M. LEDUC.

Il y a encore du levain de bière qui s'appelle *levure*; c'est l'écume qui s'échappe, pendant la fermentation, par la bonde de chaque pièce de bière nouvellement brassée. Tu préfères la levure au levain pour le pain blanc et la pâtisserie.

ÉMÉLIE.

Alors Catherine pétrit. Elle donne le premier tour, puis le second, puis le troisième. Au quatrième, elle déchire la pâte avec ses mains et la jette à droite, à gauche, de tous les côtés enfin, contre le pétrin.

M. LEDUC.

Cette opération est ce qu'on appelle *frase* et *contre-frase*.

PAULIN.

Pourquoi déchire-t-on la pâte?

M. LEDUC.

Afin de la remplir de vessies d'air qui donneront des *yeux* au pain. Les yeux du pain, ce sont tous ces petits trous... Plus la pâte est frasée et contre-fasée, et plus le pain en a.

ÉMÉLIE.

Je vous assure, mon papa, que c'est bien dur de pétrir : si vous entendiez la pauvre Catherine geindre, mais geindre!

ÉDOUARD.

Ah! mon papa, je parie que c'est parce que l'on geint en faisant le pain, que l'on nomme les boulangers des *geindres*.

M. LEDUC.

Oui, mon enfant; mais tous les boulangers ne sont pas des geindres : le geindre est celui qui dirige en chef les travaux d'une boulangerie.

ÉMÉLIE.

Quand la pâte est bien pétrie, on la coupe par morceaux, on la pèse et on la met dans des sébiles rondes, des corbeilles longues, selon la forme que l'on veut donner au pain.

MARIE.

Et l'on place les corbeilles sous une couverture où on les laisse une demi-heure ou une heure, selon que c'est l'été ou l'hiver, afin que la pâte fermente et lève.

M. LEDUC.

Remarquez, mes enfants, que les morceaux de pâte contenus dans chaque corbeille sont alors mats et pesants. Le levain opère à la chaleur : cette pâte lourde se gonfle et devient plus légère ; elle remplissait à peine la moitié de la corbeille, et, quand elle a fermenté, elle s'élève jusqu'aux bords et les surpasse bientôt.

ÉMÉLIE.

Quand Catherine retire les pains de dessous la couverture, elle les enfourne un à un avec la grande pelle de bois.

PAULIN.

Les enfourne-t-on dans les corbeilles ?

LAURE.

Oh ! non ; Catherine m'a dit qu'elle ne mettait

la pâte dans les corbeilles que pour lui donner la forme.

PAULIN.

Il n'y a plus de feu dans le four, je pense, quand on y met la pâte?

ÉMÉLIE.

Non; et Catherine a bien soin d'en ôter les charbons et les cendres, et d'y promener la *patrouille.*

LAURE.

La patrouille?

ÉMÉLIE.

On nomme patrouille, petite sœur, les chiffons mouillés qu'on passe dans le four, au bout d'un grand bâton, pour le bien nettoyer.

M. LEDUC.

Tu t'es tirée de tes explications en vraie petite ménagère, Emélie; maintenant nous allons sortir pour voir comment on cultive le blé qui nous donne la farine dont on fait le pain. Nous entrerons en passant dans un moulin.

MARIE.

Mon cher papa, me permettrez-vous encore une question?

M. LEDUC.

Parle, mon enfant; je te permets une, deux, dix questions, si elles te sont nécessaires pour bien comprendre.

MARIE.

A-t-on toujours fait le pain comme Catherine le fait aujourd'hui, et d'où vient ce nom de *boulangers* à ceux qui font et vendent le pain?

M. LEDUC.

Nos bons aïeux écrasaient le grain entre deux pierres, pétrissaient cette sorte de farine et en formaient des galettes qu'ils faisaient cuire sous la cendre. Ce furent les peuples de l'Asie qui apportèrent à Rome l'usage du pain, et les premières boulangeries publiques s'établirent dans cette capitale du monde. Les premiers boulangers s'appelèrent *pileurs*, parce qu'ils pilèrent longtemps le blé dans des mortiers pour le réduire en farine. Plus tard, ils furent désignés sous le nom de *panetiers*, *tameliers* ou *tamisiers*, parce qu'ils tamisaient la farine à travers des paniers ou des tamis; ou bien encore *tallemandiers*, mot qui vient du latin et qui veut dire *compter sur une taille*, à cause de l'usage de marquer sur des morceaux de bois, appelés *tailles*, le nombre de pains fournis à ceux qui ne payaient point comptant. Quant au nom de *boulangers* qui a survécu à toutes ces autres dénominations, il vient, selon les érudits, d'un mot latin qui signifie *fleur de farine*, et, selon les bonnes gens, du mot *boule*, de la forme ronde et petite donnée primitivement au pain.

ÉDOUARD.

Combien nous vous remercions, mon père, pour tous ces intéressants détails.

LAURE.

Vraiment, mon papa, je regrette de sortir ; je voyais tant de choses merveilleuses autour de moi : ce morceau de sucre qui doit avoir une si belle histoire, ce bonbon de chocolat, cette corbeille, et puis le peigne de maman, mon chapeau de paille !

M. LEDUC.

Le blé et le moulin ne t'offriront pas moins d'intérêt, mon enfant.

CHAPITRE II.

Le Blé et le Moulin.

Monsieur Leduc et ses enfants furent bientôt hors du village. Ils s'arrêtèrent devant un magnifique champ de blé. On était au mois de juin ; les épis étaient déjà gros.

LAURE.

Mon papa, voici du blé, et de beau blé, et je sais bien son histoire. D'abord, il n'y a pas à chercher ce que c'est, car le blé n'est pas l'ouvrage de l'homme, mais l'ouvrage du bon Dieu. L'an dernier, on a déjà récolté de ce blé donné par le bon Dieu ; on en a gardé avec grand soin pour la semence. Alors on a labouré la terre, on a semé le blé, et c'est le bon Dieu qui s'est chargé de le faire pousser et mûrir avec sa pluie et son soleil.

M. LEDUC.

Comment nomme-t-on celui qui cultive le blé?

LAURE.

Cultivateur ou laboureur.

M. LEDUC.

Fort bien, Laure; et tu comprends, n'est-ce pas, que cette plante, qui a si peu d'apparence, est la plus précieuse de toutes celles dont le Créateur a doté la terre, puisqu'elle nourrit les trois quarts du genre humain. Les laboureurs savent si bien toute son excellence, qu'ils choisissent les plus beaux champs pour la cultiver, et préparent ces champs avec des peines infinies. Ils labourent deux ou trois fois avant de jeter la semence.

ÉDOUARD.

Pourquoi ces deux ou trois labours, mon père?

M. LEDUC.

Pour rendre la terre plus légère et plus propre à recevoir les impressions favorables de l'atmosphère, et aussi pour la mêler plus parfaitement avec l'engrais.

ÉDOUARD.

Qu'est-ce donc que l'engrais?

M. LEDUC.

On appelle engrais tout ce qui répare l'épuisement des terres, ou, si tu l'aimes mieux, mon fils, tout ce qui nourrit, engraisse la terre.

MARIE.

Comment la terre s'épuise-t-elle?

M. LEDUC.

Ce blé, ces arbres, ces plantes qui sortent du sein de la terre, y prennent leur nourriture et en pompent le suc.

MARIE.

Ah! je comprends, mon papa : mais si l'on ne coupait point le blé, ou si l'on laissait au moins la paille, cette paille, en pourrissant, rendrait à la terre ce que le blé lui a pris.

ÉDOUARD.

Ainsi, le fumier est un engrais?

M. LEDUC.

Oui, mon fils; et les vases, les limons, le plâtre, la marne, etc., sont encore des engrais.

PAULIN.

Voilà pourquoi l'Egypte est si fertile; le Nil, en débordant chaque année sur les terres, y épose un engrais qui répare leur épuisement.

ÉMÉLIE.

Toute l'Egypte?

ÉDOUARD.

Non, la vallée du Nil.

LAURE.

Je ne me serais jamais imaginé qu'il fallût tant de préparations pour le blé...

ÉDOUARD.

Je suppose, mon père, que l'agriculture, qui est un art, a aussi son commencement et ses progrès?

M. LEDUC.

Sans nul doute, mon fils; mais ce n'est guère qu'à partir du seizième siècle, époque de la découverte de l'imprimerie, qu'on peut suivre la marche du progrès agricole. Alors parurent les ouvrages d'agronomes distingués, qui détruisirent en partie les vieux préjugés du moyen-âge et répandirent d'utiles doctrines. A Sully, l'illustre ministre de Henri IV, l'immortel honneur d'avoir le premier érigé en maxime gouvernementale la nécessité d'encourager l'agriculture. Labourage et pâturage, disait ce grand ministre, sont les deux mamelles de l'Etat et les vraies richesses du Pérou. Sous l'administration de Sully, Olivier de Serres, homme de génie qui se consacra exclusivement à l'agriculture dans son domaine du Pradel, dans le Vivarais, aujourd'hui département de l'Ardèche, publia son *théâtre d'agriculture*, ouvrage qui lui valut le titre glorieux de *Père de l'agriculture.*

A partir de cette époque, le progrès agricole fut général en France. Il s'arrêta sous Louis XIV, en dépit des efforts de Colbert ; sous Louis XV, malgré Allhen, et, quelque temps, sous Napoléon. Toutefois, Napoléon, dont le génie recherchait avec ardeur tout ce qui pouvait accroître les ressources et les richesses de la France, prescrivit d'utiles mesures, et l'on ne saurait oublier qu'on lui doit la culture en grand de la betterave.

LAURE.

Pourquoi faire pousser tant de betteraves, mon papa ; est-ce donc pour nourrir les vaches ?

M. LEDUC.

Je te dirai cela, ma fille, quand nous ferons l'histoire d'un morceau de sucre.

LAURE.

Oh ! je savais bien que pour le sucre il y aurait du merveilleux : qui s'imaginerait jamais qu'on va parler de betteraves à propos de sucre ?

ÉDOUARD.

Mon père, j'ai entendu dire que l'Angleterre est la terre classique de l'agriculture ?

M. LEDUC.

C'est très vrai, mon fils, l'Angleterre porte

dans ses entreprises agricoles la même puissance, la même perfection de moyens que dans ses machines. Parmi les hommes à qui elle doit cette supériorité, il faut citer le réfugié polonais Hartlib, Jethro Tull, Bakewell, Arthur Young, sir John Sinclair, M. Loudon, etc.

MARIE.

Qu'était ce Althen qui vivait en France sous Louis XV?

M. LEDUC.

Un homme qui dota notre patrie d'immenses richesses, et qui mourut pauvre et oublié. Un tel exemple éloignerait du désir de faire du bien aux hommes, si le vrai chrétien, si le philanthrope ne comptait pour peu ou pour rien même la reconnaissance de ses semblables, et ne voyait dans une autre vie la récompense promise à ceux qui auront passé sur cette terre en se rendant utiles à leurs semblables.

Asseyons-nous sous ces buissons, mes enfants, et je vous dirai quelque chose d'Althen.

Ehan ou Jean Althen naquit en Perse, en 1711; c'était le fils d'un gouverneur de province qui avait dignement représenté son souverain à la cour de Vienne.

Ayant passé ses jeunes années dans le luxe et l'opulence, Althen rêvait un brillant avenir, quand l'usurpateur Kouli-Khan, en bouleversant le gouvernement, fit soudain pauvres ceux qui, la veille encore, étaient riches. Althen perdit tout en un jour, et vit même massacrer ses parents sous ses yeux. Il échappa à la mort mais non à l'esclavage ; il fut conduit en Anatolie, où il travailla pendant quatorze ans à la culture de la garance et du coton. Cependant son courage ne l'abandonna pas, et, un jour, trompant la vigilance de ses gardiens, il s'enfuit de chez son maître, courut à Smyrne et se réfugia à l'ombre du drapeau français.

ÉDOUARD.

Smyrne, une des échelles du Levant?

M. LEDUC.

Oui, mon fils, et, à cette époque, l'une des villes les plus florissantes du monde.

Le consul français reçut Althen avec bonté, et, l'ayant bientôt apprécié, l'embarqua pour Marseille avec des lettres de notre ambassadeur à Constantinople, lettres qui le recommandaient à la cour de Versailles.

Le jeune Persan apportait avec lui de quoi payer largement l'hospitalité qu'il demandait à la France : de la graine de garance ravie au sol de Smyrne. La garance de l'Anatolie l'emportait de beaucoup sur celle de nos climats, par l'éclat et la solidité des couleurs.

Cependant, à Marseille, il fut rebuté de tous les agents du pouvoir ; il ne dut qu'à un riche mariage d'arriver jusqu'à Versailles.

ÉMÉLIE.

Voici donc la fin de tous ses malheurs !

M. LEDUC.

A Versailles, il obtint du roi Louis XV une audience qui dura deux heures. Il exposa avec tant d'éloquence et de savoir un système de culture et de fabrication de soie...

LAURE.

Mon papa, je note la soie comme sujet de ma première question ; vous savez que c'est moi qui marche en avant dans notre voyage autour de la maison....

M. LEDUC.

Althen ne t'intéresse-t-il plus, ma fille ?

LAURE.

Oh ! oui, mon papa ; mais je suis si impatiente de savoir, que je voudrais pouvoir vous demander tout à la fois.

ÉDOUARD.

Et Louis XV protéga Althen, mon père ?

M. LEDUC.

Louis XV oublia Althen.....

Ayant obtenu du roi la mission qu'il sollicitait, Althen courut établir son exploitation près de Montpellier ; mais il rencontra dans l'ignorance et les préjugés des paysans méridionaux des obstacles qu'il n'avait pas prévus. Oublié duroi, abandonné du gouvernement que préoccupaient alors de graves questions politiques, il fut obligé de retourner à Marseille après avoir dissipé en essais infructueux tout ce que possédait sa femme.

En traversant le Comtat-Venaissin, il fut frappé de l'analogie du sol et du climat de cette province avec le sol et le climat de l'Anatolie. Il songea alors à la garance qu'il avait oubliée, à la garance qui devait réussir parfaitement dans les environs d'Avignon.

Althen trouva dans les états de l'Eglise, car, à cette époque, le Comtat-Venaissin appartenait au Saint-Père, un appui qu'on lui avait refusé à la cour de France : un premier essai réussit, puis un second.....

Mais, faute de débouchés, les Venaissins ne retirèrent d'abord que peu d'avantages d'un si grand bienfait. Ce ne fut que lorsque le Comtat eut été réuni à la France et que l'industrie cotonière eut pris plus de développement, que la garance devint réellement pour le pays une source de richesses.

Althen n'avait point eu le bonheur de voir le succès de ses efforts ; il était mort en 1774 dans un état voisin de la misère, et sa fille expira dans un hôpital le jour même que le Conseil général du département, se souvenant enfin du grand homme, votait au Persan une tablette de marbre avec une inscription.

LAURE.

Les méchants Avignonais!

ÉDOUARD.

Mon père, puisque vous voulez bien nous parler de ceux qui se sont distingués dans l'art de l'agriculture, vous n'oublierez point Parmentier.

M. LEDUC.

Je croirais manquer à un devoir si je ne vous disais rien de cet homme, l'un des plus grands bienfaiteurs de l'humanité.

PAULIN.

Qu'a-t-il donc fait de si extraordinaire, mon cher papa?

ÉDOUARD.

Il a donné la pomme de terre à la France!

LAURE.

Parmentier! Mais, non, c'est le bon Dieu... La pomme de terre pousse; j'en vois là-bas des champs tout entiers.

ÉDOUARD.

Si tu aimes mieux, petite sœur, Parmentier a introduit en France la culture de la pomme de terre.

LAURE.

Ah! je comprends maintenant.

M. LEDUC.

Edouard, sais-tu quelque chose de Parmentier?

ÉDOUARD.

Oui et non; très peu de chose, en un mot.

Antoine-Augustin Parmentier était un pauvre petit orphelin de père, de Montdidier. Il fut élevé par sa mère, femme très distinguée sous le rapport de l'esprit et du savoir, et un bon ecclésiastique lui donna les premières notions du latin. A seize ans, il entra chez un apothicaire de Montdidier, puis chez un apothicaire de Paris, son parent. La guerre de Hanovre ayant éclaté, il fut fait prisonnier, je crois.

M. LEDUC.

Pharmacien au régiment, il ne se contentait pas de se dévouer aux malades et aux blessés, il payait encore de sa personne sur le champ de bataille. Ce fut ainsi qu'il fut fait cinq fois prisonnier.

MARIE.

Et il disait, en rappelant sa captivité, que les Prussiens étaient les meilleurs valets de chambre qu'il eût jamais rencontrés.

M. LEDUC.

Les vainqueurs s'entendaient si bien à dépouiller nos pauvres soldats pour les couvrir de haillons!

Ce fut pendant une de ces captivités militaires que Parmentier conçut la première pensée du bienfait qui devait l'immortaliser. Nourri de pommes de terre, il réfléchissait, au lieu de s'indigner comme ses compagnons d'infortune, contre cet aliment si nouveau, sur la nature et l'utilité du tubercule.

En 1763, quand la paix l'eut rendu à sa patrie, Parmentier s'adonna à l'étude de la physique et de la chimie, ne mangeant pas ou ne mangeant que du pain pour payer ses livres et ses leçons, et trouvant cependant encore moyen d'envoyer quelque argent à sa mère.

MARIE.

Quel bon jeune homme !

M. LEDUC.

Remarquez, mes enfants, que Dieu a toujours béni et récompensé la piété filiale...

Enfin Parmentier obtint au concours la place de pharmacien-adjoint à l'hôtel des Invalides, puis, bientôt après, celle de pharmacien-major. Alors, au sein du repos et de l'aisance, il se ressouvint de la pomme de terre.

MARIE.

Mon père, d'où venaient donc les pommes de terre dont les Prussiens avaient nourri leurs prisonniers, et, entre autres, Parmentier?

M. LEDUC.

La pomme de terre avait été transportée du Pérou en Europe dès les premières années du seizième siècle. On la cultivait avec indifférence, avec négligence, en Italie et en Allemagne. Turgot avait vainement tenté de l'introduire en France. Suivant un préjugé populaire, cette plante était une espèce de poison qui épuisait les terres auxquelles on la confiait, et qui développait, chez ceux qui s'en nourrissaient, la lèpre et autres hideuses maladies.

ÉDOUARD.

Je comprends maintenant combien Parmentier dut rencontrer d'obstacles.

M. LEDUC.

Mon fils, il est difficile et pénible, sans doute, de lutter contre l'ignorance et la routine ; mais est-il rien an monde qui puisse arrêter l'homme animé de la pasion et du génie du bien !

ÉDOUARD.

Louis XVI ne protégea-t-il pas Parmentier?

M. LEDUC.

Louis XVI avait, lui aussi, cette passion et ce génie du bien : il comprit Parmentier, lui donna cinquante arpents de la plaine des Sablons, et attacha publiquement à sa boutonnière les premières fleurs de la précieuse plante que lui présenta bientôt l'agronome. Les grands seigneurs et les nobles dames rirent d'abord tout bas, puis protégèrent Parmentier, parce que le roi le protégeait, et la cause de la pomme de terre fut gagnée.

Un autre nom fameux dans l'histoire de l'agriculture, c'est celui d'un pauvre garçon de ferme de Mathureux-sur-Saône, Claude Grangé.

MARIE.

Un garçon de ferme!

M. LEDUC.

C'est une erreur assez généralement répandue, que la carrière de l'agriculture n'est ouverte qu'aux hommes instruits; l'expérience a souvent démontré qu'elle peut être aussi parcourue avec succès par des hommes dénués d'instruction, mais à esprit juste et observateur : ainsi Grangé, le pauvre garçon de ferme, qui, en labourant, inventa une charrue d'une construction fort simple, diminue de beaucoup la fatigue des chevaux ou des bœufs, régularise le travail du soc dans la terre, et est si facile à conduire qu'on peut, sans apprentissage et avec une force très médiocre, ouvrir un sillon parfaitement droit.

Dans ces dernières années, on a beaucoup perfectionné la charrue Grangé.

Mais revenons à notre blé.

— Tu ne nous as pas dit, Laure, que le blé se

sème en automne et se récolte vers le milieu de l'été.

LAURE.

Oh! tout le monde sait cela, mon papa, puisque je le sais. Ce que je ne sais pas, c'est comment on fait sortir le grain des épis quand le blé est coupé.

ÉDOUARD.

Je le sais, moi : on range par terre les gerbes ou bottes de blé, les unes à côté des autres, en mettant les épis du même côté, et l'on bat ces épis à grands coups de fléau.

PAULIN.

Qu'est-ce qu'un fléau, mon papa?

M. LEDUC.

Un long morceau de bois au bout duquel est attaché, avec une forte courroie, un morceau de bois plus court mais qui conserve toute sa mobilité. C'est à l'aide de ce morceau de bois qui frappe le blé qu'on tire le grain de l'épi. On retourne les gerbes plusieurs fois, afin de ne rien laisser que la paille.

MARIE.

Cette opération est bien simple.

M. LEDUC.

Et pourtant il se passa bien du temps avant qu'on n'en vint là. Les anciens n'avaient rien imaginé de mieux, pour tirer le grain de l'épi, que de faire fouler les gerbes aux pieds des bœufs ou des chevaux.

LAURE.

Quand le blé est battu, on le porte au moulin?

M. LEDUC.

Il faut encore le vanner.

ÉMÉLIE.

Le van, n'est-ce pas cette grande corbeille qui n'a point de rebord d'un côté?

M. LEDUC.

C'est cela même, mon enfant : on vanne le blé pour nettoyer complètement le grain.

ÉMÉLIE.

Quand le grain est bien nettoyé, on le porte au moulin, n'est-ce pas, mon papa?

M. LEDUC.

Allons aussi au moulin, dont nous entendons d'ici le tic-tac.

En allant au moulin, monsieur Leduc rappela que longtemps on avait écrasé le grain entre les pierres, comme le font encore les sauvages, pour le réduire en farine, et que ce n'était qu'à l'époque des croisades qu'avait été rapporté d'Orient en Europe le dessin des moulins à vent, dont le mécanisme est à peu près le même que celui des moulins à eau dont on se sert exclusivement aujourd'hui.

C'était à un moulin à eau qu'il conduisait ses enfants.

Il les invita à remarquer comment on avait, au moyen d'une écluse, disposé les eaux de la rivière à se rendre avec plus de force vers le moulin pour donner le mouvement à la grande roue qui met en branle toute la machine.

On entra dans la chambre d'en bas. On vit l'essieu mû par la grande roue du dehors et faisant mouvoir à son tour, à l'aide d'une autre roue, l'essieu de la meule à moudre le grain.

On monta.

M. LEDUC.

Remarquez, mes enfants, dans ce coffre circulaire, cette meule ou grande roue de pierre qui tourne horizontalement, c'est-à-dire à plat; elle tourne sur une autre roue dite *gisante*, parce qu'elle reste immobile. Ce sont ces deux meules qui brisent le grain et le réduisent en farine.

PAULIN.

Qu'est-ce que cette grande boîte disposée au-dessus des meules, et qui va en se rétrécissant?

M. LEDUC.

Cette boîte s'appelle *trémie*. Elle contient le blé qu'on veut moudre. Le grain s'en échappe et tombe, à l'aide d'un petit auget, au milieu de la meule supérieure, qui est percée ; il passe par ce trou et se trouve entraîné entre les deux meules, où il est en un instant réduit en poudre.

MARIE.

Cette poudre, c'est la farine mêlée avec le son?

M. LEDUC.

La farine et le son mêlés ensemble sortent par l'*anche*, ouverture pratiquée vers le bord de la meule inférieure, et tombent dans le bluteau, sorte de tamis qui laisse passer la farine et retient le son.

LAURE.

Oh! maintenant je sais bien en détail l'histoire du pain...

Au retour à la maison, nous verrons un peu, n'est-ce pas, mon papa, les rideaux de soie de la chambre de maman? Si vous me dites sur la soie d'aussi belles choses que sur le pain... Je me souviens de ces petits vers dont a parlé Marie, et je brûle d'être à ce soir.

CHAPITRE III.

Les Rideaux de soie.

MON papa, dit Laure après avoir longtemps examiné les rideaux, vous nous avez dit que ce n'est pas l'homme qui fait la soie.

PAULIN.

Et que la soie est le produit mystérieux d'un insecte qu'on nomme ver à soie.

LAURE.

N'est-ce pas, mon papa, vous nous direz l'histoire de ce petit insecte qui travaille avec tant d'habileté?

M. LEDUC.

Volontiers, ma fille, et cette *histoire* t'intéressera, j'en suis certain.

L'œuf du ver à soie n'est pas plus gros qu'une

tête d'épingle; quand l'insecte sort de cet œuf, il a un peu moins d'un centimètre de long, et il est presque noir. Il commence aussitôt à manger et continue, pour ainsi dire, sans relâche, pendant sept ou huit jours.

ÉMÉLIE.

Que mange-t-il, mon papa?

M. LEDUC.

Des feuilles de mûrier.

LAURE.

Il doit grossir fort vite, s'il mange avec une telle avidité, et pendant si longtemps.

M. LEDUC.

Si vite qu'après ces sept ou huit jours, sa peau ne pouvant plus s'étendre, le condamne à un jeûne absolu. Il devient alors plus petit et sort de sa vieille peau.

MARIE.

Mon papa, j'ai lu quelque part que c'est pour le ver une opération fort difficile; et que pour y parvenir, il tire de son corps des fils de soie qui rendent ferme la première peau.

M. LEDUC.

Cette vieille peau tendue par les fils de soie dont tu parles, le ver se dégage la tête en la frottant fortement contre les feuilles du mûrier; il retire ensuite les pieds de devant, et enfin le reste de son corps.

LAURE.

Et je parie qu'il se remet à manger, le gourmand, jusqu'à ce qu'il ait rempli cette nouvelle peau plus large et plus longue, sans doute, que la première ?

M. LEDUC.

Il mange pendant cinq jours consécutifs. Au bout de ces cinq jours, la seconde peau, qui est beaucoup plus large que la première, comme tu l'as parfaitement dit, petite Laure, se trouve tout-à-fait remplie.

Les choses se passent encore de la même manière : autre changement de peau, nouveau repas de cinq jours, et troisième changement de peau.

Après la troisième peau, le ver mange avec voracité pendant dix jours.

Il est maintenant dans toute sa grosseur, et a environ sept centimètres de long. On dit aussi que son poids est, dans ce moment, neuf mille fois ce qu'il était à sa naissance.

Dix jours de jeûne suivent ce long repas, et le ver décroît rapidement en grosseur. C'est alors qu'il choisit un endroit où il suppose qu'il ne sera point troublé, et qu'il commence à filer.

LAURE.

Pour se faire une maison.

M. LEDUC.

Une maison qu'il compose de trois *murailles* différentes La première sert à le garantir de la pluie, car tu peux bien imaginer, Laure, que l'insecte ne sait s'il est sur quelque arbre et abandonné à lui-même, ou à l'abri de tout événement. Cette première couverture, cette première enveloppe ou muraille est formée de fils plus gros. La seconde enveloppe, en soies beaucoup plus fines, préserve le ver du vent. La troisième enfin, en fils extrêmement ténus, enduits d'une sorte de glu, et formant comme la tapisserie de la chambre où le ver doit vivre, est destinée à prévenir toute invasion du froid.

LAURE.

Le ver mange-t-il quand il file?

M. LEDUC.

Pas du tout.

ÉDOUARD.

Je croyais, mon papa, que le ver changeait quatre fois de peau?

M. LEDUC.

Il revêt la quatrième peau dans le cocon en même temps qu'il se transforme en chrysalide.

MARIE.

Mon papa, vous nous disiez que les vers à soie sont presque noirs; mais ceux que Julia avait élevés à Fontenay, étaient d'un beau jaune clair.

M. LEDUC.

En changeant de peau, le ver à soie change aussi de couleur et passe par degrés du brun sombre au vert bleuâtre, et même au jaune tendre.

ÉMÉLIE.

Le ver meurt-il dans le cocon de soie?

M. LEDUC.

Non : ayant revêtu la forme de chrysalide, il en sort par l'un des bouts. Il est alors gros comme un haricot, et tout noir. Les chrysalides vivent seulement le temps de déposer leurs œufs.

LAURE.

Qui deviennent autant de petits vers, n'est-ce pas, papa?

M. LEDUC.

Et qui sont au nombre de plus de cinq cents, gros comme la tête d'une petite épingle, et attachés l'un à l'autre par une sorte de glu.

ÉMÉLIE.

Quand la chrysalide est sortie, on file sans doute les cocons comme Madeleine file son chanvre?

M. LEDUC.

Ces cocons brisés, car la chrysalide n'a pu

affectuer sa sortie sans rompre les fils, sont effectivement filés, et l'on en fabrique une sorte de soie de qualité inférieure, appelée fleuret.

ÉDOUARD.

Mon papa, peut-on prévenir la sortie de la chrysalide?

M. LEDUC.

Oui, et c'est ce que l'on fait ordinairement, en passant les cocons au four quelques jours après que l'insecte a fini de travailler.

LAURE.

C'est bien cruel de tuer ainsi ces pauvres petits vers?

M. LEDUC.

Après avoir passé les cocons au four, on les jette dans l'eau chaude pour les débarrasser de la glu qu'ils contiennent, et on a soin de les remuer avec une branche de bouleau. Les fils flottants s'attachent au bouleau, et l'on commence à dévider la soie.

PAULIN.

Comment! on dévide la soie des cocons: Mais ces soies sont si mêlées, si mêlées...

M. LEDUC.

Il est possible, facile même de dévider sans le moindre accident ces soies qui te semblent si délicates et si légères.

Quand on les a formées en écheveaux, on les roule sur des bobines en les faisant passer par un trou de métal, une sorte de tube, pour les débarrasser de tous corps étrangers.

Cette opération terminée, une autre du même genre commence; il s'agit cette-fois de défaire tous les nœuds qui peuvent s'être formés dans les fils de soie.

Vous comprenez, mes enfants, que ce travail ne se fait pas bobine par bobine; une machine en pelote et en dépelote en même temps un grand nombre, chaque fil passant par un tube spécial de métal. Si le fil a un nœud, la bobine s'arrête, et c'est à l'ouvrier à défaire ce nœud.

Les fils de soie sont trop fins pour être tissés isolément. On tord ces fils un à un d'abord, puis deux à deux, trois à trois. On réunit autant de fils qu'il est nécessaire pour les qualités de soie que l'on désire; pour faire du cordonnet, par exemple, on tord ensemble trente fils de soie au moins.

On passe ensuite les fils de soie à la teinture, et ils sont prêts pour le tissage.

MARIE.

Mon papa, est-ce donc dans l'intérieur du corps du ver que se forme la soie?

M. LEDUC.

Oui, ma fille; la soie est une sorte de fluide épais contenu dans les poches ou sacs intérieurs. Le ver tire à la fois deux fils qu'il réuni aussitôt au fur et à mesure, pour n'en former qu'un seul. Ce fil n'est jamais interrompu à moins que le ver ne soit troublé dans son travail.

ÉDOUARD.

Je voudrais bien savoir quelle quantité de soie peut filer chaque ver?

M. LEDUC.

On dit que chaque ver en file environ six cents mètres. Il a été calculé que deux mille huit cents vers, qui ont consommé environ soixante-cinq kilogrammes de feuilles de mûrier, donnent un demi-kilogramme de soie; ce qui peut faire quinze ou seize mètres de gros de Naples.

ÉMÉLIE.

Ainsi il faut, au moins, trois mille vers pour avoir de la soie pour une seule robe: trois mille ouvriers pour le même ouvrage!

MARIE.

Mon papa, qui a commencé à faire de la soie?

M. LEDUC.

Ce sont les Chinois, et ils attribuent l'invention de ce tissu à une certaine Si-Ling-Shi, femme de Ho-Ang-Ti, qui vivait, assurent-ils, deux mille sept cents ans avant l'ère chrétienne.

ÉDOUARD.

Oh! mon papa, c'est avant Abraham.

M. LEDUC.

Sais-tu, mon fils, l'époque de la vocation d'Abraham?

ÉDOUARD.

C'était en 2276 avant N. S. J.-C.

M. LEDUC.

Et sais-tu l'époque de la fondation de l'empire chinois?

ÉDOUARD.

Non, mon papa.

M. LEDUC.

On parle de 2950.

MARIE.

C'était seulement quatre cents ans après le déluge.

PAULIN.

Ainsi, mon papa, il y a plus de quatre mille cinq cents ans que l'on a trouvé le moyen de faire de la soie?

LAURE.

Mais, je croyais que, dans ce temps-là, les hommes et les femmes se couvraient de peaux d'animaux.

ÉMÉLIE.

Qui a trouvé l'art de tisser les étoffes?

MARIE.

Noéma, dit-on, fille de Lamech, et sœur de Tubalcain.

M. LEDUC.

C'est bien cela; mais Laure a raison : si quelques peuples, et, entre autres les Chinois, avaient déjà une certaine connaissance des arts et de l'industrie, un grand nombre étaient plongés dans les ténèbres de l'ignorance et de la barbarie; ceux-ci, sans en douter, ne se couvraient que de peaux d'animaux.

ÉDOUARD.

Dans quel temps vit-on de la soie en Europe?

M. LEDUC.

La soie fut bientôt connue des Romains, des Romains de l'Empire, car les Romains de la République se souciaient peu des arts et du luxe, ils ne songeaient qu'à la guerre. Ce tissu était alors si rare qu'on le vendait au poids de l'or. Un homme ne pouvait se couvrir d'un vêtement de soie sans passer pour un fou, comme nous le voyons par l'histoire d'Héliogabale. On dit que l'empereur Aurélien, qui vivait un demi-siècle environ après Héliogabale, sut résister aux prières et aux larmes de l'impératrice, sa femme, et lui refusa constamment une tunique de soie.

MARIE.

Cette soie venait sans doute de la Chine?

M. LEDUC.

Oui, ma fille; et au grand déplaisir des empereurs romains, qui voyaient des nations idolâtres et ennemies s'enrichir à leurs dépens.

ÉMÉLIE.

Pourquoi les Romains ne faisaient-ils point de soie?

M. LEDUC.

Ils ignoraient la fabrication de ce magnifique tissu, et ne connaissaient point même les merveilleux insectes qui produisent la soie.

ÉDOUARD.

Avait-on vu de la soie en Europe avant le fol Héliogabale?

M. LEDUC.

Certainement; mais les Romains de la République n'en faisaient nul cas, je te l'ai dit. On prétend que ce furent les soldats d'Alexandre-le-Grand qui apportèrent pour la première fois de la soie en Grèce, et vous savez, mes enfants, qu'Alexandre-le-Grand vivait plus de trois cents ans avant N. S. J.-C.

LAURE.

Comment donc a-t-on enfin découvert en Europe le moyen de faire de la soie?

M. LEDUC.

Au sixième siècle de notre ère, deux moines

qui avaient apporté la bonne nouvelle de l'Evangile dans différentes parties de l'Inde, parvinrent à pénétrer dans un district chinois. Là, au milieu de leurs pieuses occupations, ils contemplèrent avec étonnement et admiration les vêtements de soie que portaient habituellement les Chinois, leurs manufactures de soieries et les travaux merveilleux de ces myriades d'insectes dont le soin fut depuis considéré en Occident comme le travail des reines. Ils eurent l'idée de porter en Europe quelques-uns de ces précieux insectes; mais ce projet était impraticable : le ver à soie vit si peu de temps. Les œufs se prêtaient plus aisément au transport; ils en remplirent une canne creuse, et les portèrent à Constantinople, à l'empereur Justinien, à qui ils expliquèrent la manière d'élever les vers, de recueillir la soie et de tisser ces fils précieux. La chaleur du fumier dans lequel on enferma les œufs les fit éclore au printemps suivant, et les vers furent nourris de feuilles de mûrier sauvage. Les Grecs fabriquèrent la première soie qui se fût jamais faite en Europe. Pendant six cents ans on ne fit de la soie qu'en Grèce. Les Vénitiens qui avaient un grand commerce avec Constantinople, Athènes, Thèbes et Corinthe, où l'on avait établi des manufactures, fournissaient des étoffes de soie à tout l'Occident. Enfin, au douzième siècle, Roger, roi de Sicile, fit élever des vers à soie dans ses Etats.

De là, les précieux insectes furent portés dans toutes les contrées de l'Europe. On commença à en voir en France sous Louis XI, qui fit planter les premiers mûriers, et l'on dit que Henri II porta, au mariage de sa fille Isabelle de la Paix, la première paire de bas de soie qui ait été manufacturée chez nous. Henri IV, aidé d'Olivier de Serre, dont nous avons déjà eu occasion de parler, encouragea la culture du mûrier ; il en fit planter, sous ses yeux, quinze mille dans le jardin des Tuileries.

ÉDOUARD.

Mon papa, n'est-ce pas à Lyon que sont, en France, les plus célèbres manufactures de soie ?

M. LEDUC.

Oui, mon fils, et cela depuis François Ier.

ÉDOUARD.

Mon père, puisque nous parlons de Lyon, vous n'oublierez point Jacquart ?

M. LEDUC.

Je te dirai, pour Jacquart, mon fils, ce que je le disais pour Parmentier ! Si je ne payais à son nom un tribut d'hommage et de reconnaissance, je croirais manquer à un devoir.

Ecoutez donc, mes enfants.

Le *canut* est l'ouvrier en soie qui fabrique ces magnifiques étoffes de soie pour l'ameublement des maisons opulentes. Il y a à Lyon plus de quatre-vingt-dix mille de ces ouvriers entassés dans d'étroites maisons dont chaque fenêtre éclaire un métier, et qui se livrent de quatre heures du matin à neuf heures du soir à un travail qui vous semblerait bien pénible, mais qui vous aurait fait horreur il y a cinquante ans à peine. Au commencement de notre siècle, le canut se reconnaissait à son teint blême, à son corps grêle et son dos voûté.

ÉMÉLIE.

Pourquoi donc, mon papa, ce travail des canuts nous eût-il fait horreur?

M. LEDUC.

Parce que les métiers pour la fabrication des étoffes brochées étaient compliqués, difficiles à manier et chargés de cordes et de pédales qui forçaient le corps à d'affreuses contorsions; ainsi, l'ouvrier tisseur devait, assis sur un escabeau élevé, lancer ses jambes de ci de là, à droite et à gauche, pour donner aux fils de la chaîne les diverses positions qu'exigeait le façonnage des étoffes. D'autres ouvriers, et ceux-ci des enfants, de coutume, faisaient mouvoir les cordes et les pédales, conservant pendant des journées entières des attitudes forcées qui déformaient leurs membres débiles, et le plus souvent abrégaient leur vie.

Ce fut Jacquart, un enfant de Lyon, un enfant

du peuple, qui, opérant une merveilleuse révolution dans la mécanique, vint au secours de tant d'infortunés. On l'exalte aujourd'hui dans sa ville natale sous le titre glorieux de l'*abbé de l'Epée des canuts*.

Joseph-Marie Jacquart naquit à Lyon. Il était fils d'un ouvrier à la grande-tire. En sortant de l'école, il entra chez un relieur en qualité d'apprenti, et il faisait preuve de quelque talent dans ce métier quand, au moment de la révolution, il dut abandonner pour les armes sa modeste profession.

La paix d'Amiens le ramena dans ses foyers, et il ne savait trop quelle profession embrasser, quand il entendit parler d'un prix proposé à Londres pour l'invention d'une machine à faire les filets. Il connut dès lors sa vocation pour la mécanique, et ne songea plus qu'au moyen de remplir les conditions imposées pour cette machine d'un nouveau genre. Il travailla avec ardeur et inventa un métier qui remplissait parfaitement le but proposé.

Au lieu de persister dans la pensée de concourir au prix de Londres, Jacquart se contenta de montrer le métier à quelques-uns de ses amis. Le métier passa de main en main comme un objet de curiosité et un chef-d'œuvre d'invention. Il parvint aux autorités de Lyon, qui l'envoyèrent à Paris pour être mis sous les yeux du premier consul.

Napoléon savait apprécier tous les genres de mérite. Il ne pensait point seulement à la guerre, mais à l'industrie, au commerce, aux arts; il savait que le bonheur d'une nation n'est pas tout entier dans la gloire... Après avoir vu le métier, il ordonna que Jacquart vînt à Paris.

Cet ordre était si péremptoire que les magistrats de Lyon, supposant quelque conspiration secrète, firent voyager l'ouvrier sous bonne escorte de gendarmes.

Dès son arrivée, Jacquart fut conduit aux Tuileries.

Le premier consul était alors avec Carnot, un de ses ministres.

— C'est donc toi, dit-il brusquement au Lyonnais, qui prétends faire ce que Dieu lui-même ne saurait faire, un nœud avec un fil tendu?

Jacquart interdit ne répondit qu'en faisant fonctionner sa machine, et Napoléon, enchanté, le fit immédiatement installer au Conservatoire des Arts et Métiers, lui demandant d'appliquer, à la fabrication des belles étoffes de soie, un mécanisme plus simple et moins coûteux que celui qu'on avait employé jusque-là. Il y parvint en combinant deux principes dus, l'un au célèbre Vaucanson, l'autre à l'ingénieur Talcon, et il inventa ainsi le célèbre métier qui devait immortaliser son nom.

Ce fameux métier parut à l'exposition de 1801,

où Jacquart n'obtint pourtant qu'une médaille de bronze.

Napoléon, qui apprécia mieux le génie de l'inventeur, et qui comprit tout d'abord quelle révolution cette admirable découverte allait produire dans l'industrie, lui donna une pension de trois mille francs.

Au retour du grand artisan au pays natal, Jacquart se vit, nouveau Galilée, persécuté par ses concitoyens. Les ouvriers en soie l'accusant, les ignorants! de vouloir ruiner leur industrie et accroître leur misère, se soulevèrent même sous le nom de *Jacques*, par allusion au nom de l'inventeur, et contraignirent les magistrats à mettre en pièces, sur la place publique, le *métier Jacquart*, cette *machine qui ne demandait qu'un ouvrier!* — Le fer, comme l'a dit Jacquart lui-même, fut vendu comme vieux fer, et le bois comme bois à brûler.

Ce ne fut que lorsque la France commença à éprouver les funestes effets de la concurrence étrangère, et après vingt ans d'indifférence et de dédain, que quelques fabricants adoptèrent, malgré la résistance des ouvriers, le mécanisme de Jacquart : ils en tirèrent un tel parti que cette heureuse invention se répandit successivement et rapidement en Suisse, en Allemagne, en Italie, en Amérique.

Jacquart eut la joie de voir son métier universellement adopté.

Cet homme célèbre, dont le nom devint européen, est mort en 1834, à l'âge de quatre-vingt-quatre ans, dans la solitude de la petite ville d'Oullins, partageant son temps entre les exercices de piété et de charité, et le soin de son petit jardin.

LAURE.

Je savais bien que la soie avait aussi une merveilleuse histoire. Comme je penserai à tout cela quand je mettrai ma robe de soie!

Mme LEDUC.

Mon ami, ne nous parleras-tu pas de la soie des araignées?

MARIE.

Les araignées faire de la soie! c'est impossible, maman : les fils des araignées sont si fins, si légers! Et, d'ailleurs, qui voudrait élever des araignées? Je suis terrifiée quand j'en vois une seule! Pourrait-on se résigner jamais à entrer dans une chambre où seraient enfermés des milliers de ces horribles insectes! Ah! rien que cette pensée me fait frémir.

M. LEDUC.

Prends garde, ma fille : de telles expressions accuseraient, auprès de gens sensés, l'affectation ou l'ignorance : craindre! Et pourquoi? Les araignées de nos contrées ne sont point venimeuses. Considère l'instinct de cet insecte, les merveilles de son travail, et tu le regarderas désormais avec plus d'admiration que de terreur.

Les Chinois prétendaient que Si-Ling-Shi avait inventé la soie; les Européens l'attribuèrent à une autre femme, Pamphila, de l'île de Cos. Le fait est que la soie de Si-Ling-Shi était tissée avec les fils des vers, et celle de Pamphila avec des fils d'araignées.

Il y a quelque temps, on a renouvelé, en France, des essais qui ont parfaitement réussi.

Les araignées sont rangées par les naturalistes en un grand nombre de classes, selon leurs habitudes particulières et la structure différente de leurs corps; mais, par rapport à la soie qu'elles donnent, on ne les divise qu'en deux grandes espèces, les araignées à longues pattes, et les araignées à courtes pattes. Celles-ci fournissent la meilleure soie.

MARIE.

La soie des araignées est-elle aussi belle, aussi brillante et aussi forte que celle des vers?

M. LEDUC.

Les araignées font des soies de deux espèces: les unes, extrêmement légères, forment ces admirables tissus qui portent le nom de toiles d'araignées, et qui servent à ces insectes à attraper les mouches dont ils font leur principale nourriture; les autres, dont les araignées enveloppent leurs œufs pour les préserver du froid et les garantir contre la voracité d'autres insectes, sont celles que l'on emploie pour les tissus.

Quand on a rassemblé ces sortes de cocons, on les débarrasse de la grande quantité de poussière qu'ils renferment en les battant, d'abord, et en les lavant dans de l'eau tiède. On les fait ensuite tremper dans une dissolution de savon, de salpêtre et de gomme arabique, et on les fait bouillir pendant trois ou quatre heures sur un feu très doux. Quand ils sont secs, ils sont prêts pour le cardage. Des bas et des gants ont été faits avec des fils d'araignées et présentés à l'Académie de Paris.

ÉDOUARD.

Puisque la préparation de la soie des araignées est si simple et si facile, pourquoi n'élève-t-on pas des araignées comme on élève des vers à soie?

M. LEDUC.

La grande difficulté c'est de rassembler ces insectes voraces en un même lieu. Il semble impossible de les faire vivre en communauté. Qu'on en enferme quatre ou cinq mille dans le même appartement, et en fort peu de temps, les plus gros dévorant toujours les plus petits, il n'en restera plus qu'un fort petit nombre, si ce nombre excède même deux ou trois. C'est à cette disposition constante des araignées à s'entredétruire, que nous devons d'avoir si peu de ces insectes, eu égard à l'énorme quantité d'œufs qu'ils produisent; chaque araignée en dépose six ou sept cents.

ÉMÉLIE.

Quelle est la soie la plus fine, celle des vers ou celle des araignées?

M. LEDUC.

La soie des araignées, certainement. Un savant naturaliste a constaté que cent fils d'une araignée parvenue à toute sa grosseur, roulés ensemble, ne formaient pas un fil aussi gros qu'un poil de sa barbe, et qu'il faut cent fils de jeune araignée pour faire un fil de grosse araignée. Donc, il faudrait dix mille fils de petite araignée pour faire un fil gros comme le poil de la barbe d'un homme.

J'aurais encore des choses merveilleuses à vous dire sur les araignées, dont les naturalistes comptent jusqu'à quarante-sept espèces, les unes assez fortes pour arrêter des oiseaux, les autres si petites que leur nid n'est pas aussi gros qu'un noyau de cerise; mais tout cela n'entre point actuellement dans notre plan d'entretien. Nous y reviendrons et nous admirerons ensemble la sagesse et la puissance de Dieu en contemplant les yeux, les pattes, les dents de cet insecte, son inconcevable instinct, et sa plus inconcevable industrie. On reconnait que Dieu est bien grand, mes enfants, quond on l'étudie dans ses œuvres... et il ne faut qu'ouvrir les yeux pour être convaincu de son existence...

A demain, mes amis; nous ne devons pas prolonger notre soirée outre mesure.

MARIE.

Mon papa, nous séparerons-nous sans que vous nous disiez un mot de la laine, de la toile et du coton? C'est ce qui se présente naturellement à notre esprit après les étoffes de soie.

M. LEDUC.

Nous nous retrouverons au déjeuner, et toutes questions seront permises. En attendant, ma chère fille, je prends note de ta requête pour la laine, la toile et le coton.

CHAPITRE IV.

La Laine, la Toile et le Coton.

Personne n'oublia l'entretien promis, et les mots *laine*, *toile* et *coton* se retrouvèrent dans toutes les bouches à l'issue du déjeuner. Monsieur Leduc donna tous les détails possibles avec sa bonne grâce accoutumée.

Comme nous l'avons déjà remarqué, dit-il, Dieu avait revêtu, en les créant, l'oiseau et le quadrupède; mais, en laissant l'homme nu, il lui avait donné l'intelligence.

D'abord, l'homme se couvrit de la peau de l'animal qu'il avait tué et dépouillé. Il imagina ensuite de tanner cette peau, de la corroyer, de la rendre plus souple et d'une odeur moins désagréable. Enfin, il recueillit seulement le poil et la laine, les fila et en forma des tissus.

La laine de mouton, douce, chaude, se travaillant facilement et susceptible de toutes les couleurs possibles, est la plus ordinairement employée.

LAURE.

Je sais cela, mon cher papa, et je sais aussi que c'est pour leur prendre leur laine que l'on tond tous les ans les pauvres brebis.

M. LEDUC.

Eh bien! ma Laure, qu'en fait-on de cette laine enlevée si inhumainement aux pauvres brebis?

LAURE.

On en fait, à coup sûr, la robe de maman, ma robe du dimanche et votre habit, à vous aussi, mon cher papa.

M. LEDUC.

Mais comment a-t-on fait?

LAURE.

Oh! pour cela, je n'en sais absolument rien.

M. LEDUC.

Cette laine enlevée aux brebis s'appelle laine en *suint*, parce qu'elle est grasse et malpropre. On la nettoie en la jetant dans de l'eau chaude mêlée de potasse; on l'épluche pour enlever les corps étrangers qui pourraient être restés attachés aux flocons; on la carde, c'est-à-dire qu'on la déchire en tous sens pour en bien mêler les fils; on la file en l'huilant légèrement afin de la travailler avec plus de facilité, et on la dispose en écheveaux.

ÉMÉLIE.

Et ce sont les écheveaux de laine dont maman se sert pour sa tapisserie?

M. LEDUC.

Oui, ma fille; mais tu as dû remarquer que cette laine pour la tapisserie se compose de plusieurs brins réunis ensemble.

LAURE.

Et c'est cette laine de différentes grosseurs, sans doute, qui fait le drap, le mérinos, la mousseline de laine, les bas de laine, les tapis?

M. LEDUC.

Cette même laine plus ou moins travaillée.

MARIE.

Le mérinos aussi?

M. LEDUC.

Le mérinos est fait avec la laine de brebis particulières à l'Espagne, mais qui s'acclimatent fort bien chez nous, et qui porte ce même nom, *mérinos*. Cette laine est beaucoup plus fine et plus belle que celle des autres brebis.

MARIE.

Le cachemire est aussi de la laine, n'est-ce pas, mon père ?

M. LEDUC.

Une laine plus belle encore et plus fine, plus longue et plus soyeuse que celle du mérinos. La brebis qui la donne, dite brebis à *grosse queue*, est commune au Thibet, où l'on travaille admirablement la laine.

ÉDOUARD.

Mon père, pourquoi ce nom de *grosse queue?*

M. LEDUC.

Cette variété de brebis a effectivement une énorme queue pesant souvent plus de dix kilogrammes. Cette queue passe chez les naturels du pays pour un mets fort délicat, et ils lui donnent en conséquence les plus grands soins. Pour en rendre le poids moins incommode à l'animal, ils la font supporter par une planche à roues.

PAULIN.

Et le drap, mon père, se fait-il aussi avec de la laine?

M. LEDUC.

Laure te l'a dit. Mais le drap exige beaucoup de préparations. On en compte jusqu'à douze.

Le drap se tisse comme la toile, sur un métier.

Je ne vous expliquerai pas le mécanisme du métier; vous ne le comprendriez pas.

Quand la pièce de drap a été levée de dessus le métier, on enlève, avec des pinces de fer, les nœuds, les pailles et les ordures qui s'y trouvent, et on la porte à la *foulerie.*

La foulerie est un moulin fait comme un moulin à farine, sinon qu'au lieu de la trémie et de la meule se trouvent des auges de bois et des pilons également en bois. On met le drap dans les auges, où on le fait tremper dans de l'eau de savon ou autre composition pour enlever l'huile à l'aide de laquelle on l'a filé; puis les pilons, mis en mouvement par la grande roue qu'un courant d'eau ou une machine à vapeur fait tourner, frappent le drap avec force et le rendent ainsi plus ferme et plus uni.

Au sortir de la foulerie, on épluche encore le drap et on le frotte avec un chardon sec qui sert comme d'une brosse rude ou d'un peigne, car il fait ressortir les petits poils qui recouvrent les fils.

Ces poils n'étant point d'égales longueurs, on les coupe et recoupe à l'aide de machines. Cette opération se nomme *tonte.*

Le drap est fait.

Il s'agit alors de le teindre, et, vous le savez, c'est l'affaire du teinturier, dont l'atelier n'a aucun rapport avec le métier du tisseur ou du tisserand, ni avec le moulin du foulon : ce sont des cuves, des chaudières, des fourneaux, etc.

Après la teinture, on soumet encore le drap à la tonte, et enfin on le livre au calendreur, qui lui donne, à l'aide d'autres machines, ce lustre brillant que vous connaissez sous le nom *d'apprêt*.

PAULIN.

Que de soins et de peines avant d'obtenir cette pièce d'étoffe dont on fait les habits! Jusqu'ici j'ai regardé le drap avec tant d'indifférence...

M. LEDUC.

Sais-tu, Edouard, quelles villes de France sont les plus renommées pour leurs fabriques de drap?

ÉDOUARD.

Louviers et Elbeuf.

M. LEDUC.

Et la ville qui a vu naître le grand Turenne?

ÉDOUARD.

Sedan.

M. LEDUC.

C'est cela même.

Ce fut à Louviers et Sedan que s'établirent les premières fabriques de drap, en France, par les soins du grand Colbert.

LAURE.

Ainsi, je me souviendrai bien que tout ce qui est en laine vient de ces pauvres brebis à qui nous enlevons leur toison qui est leur robe, pour en faire nos habits et pour nous tenir chauds.

Mais la toile, mon papa?

M. LEDUC.

Connais-tu, Laure, la plante qui donne le chenevis dont tu nourris tes petits oiseaux?

LAURE.

C'est le chanvre.

M. LEDUC.

Eh bien! c'est avec le chanvre qu'on fait la toile.

LAURE.

Je vois bien que c'est le bon Dieu qui nous a tout donné.

M. LEDUC.

Voyons un peu, mes enfants, comment nous nous y prendrons pour transformer cette plante verte en une belle étoffe blanche.

MARIE.

Que l'esprit de l'homme est ingénieux!

M. LEDUC.

Quand le chanvre est parvenu à sa hauteur

et que la graine est mûre, on arrache brin à brin les tiges de la plante, et on en forme de petites bottes qu'on lie par le milieu et qu'on fait sécher au soleil. Quand ces tiges sont sèches, on les bat pour en ôter le chenevis et les feuilles.

Il ne nous reste donc que les petites tiges toutes seules, toutes dépouillées.

Alors on fait *rouir* le chanvre.

LAURE.

Ah! quel vilain mot que rouir.

M. LEDUC.

L'opération du *rouissage* consiste à faire tremper les brins de chanvre dans des mares exposées au soleil, afin qu'y pourrissant légèrement, le tuyau se sépare aisément de l'écorce qui est la partie précieuse de la plante. Cette écorce est la filasse dont on fera du fil et ensuite de la toile.

Après le rouissage, on fait sécher le chanvre au soleil, puis dans un four à moitié chaud. Alors, battues par une machine nommée *maque*, les tiges, dites *chenevottes*, se séparent entièrement de la filasse.

On peigne cette filasse pour en enlever les fils les plus épais et les plus grossiers. Le rebut s'appelle *étoupe*; on en fait de la grosse toile à emballage. Ce qui reste a de la douceur, de la blancheur, de la finesse; mais il faut cependant encore des préparations qui sont l'ouvrage du *séranceur*.

Le séranceur la rend encore plus fine et encore plus douce avec ses *sérans*, planchettes garnies de dents en gros fils de fer au travers desquelles il la fait passer.

Voilà comment on prépare la filasse que file Madeleine.

Quand le fil est prêt, on le donne au tisserand, qui en fait de la toile sur son métier.

MARIE.

C'est de la toile de chanvre?

M. LEDUC.

Le lin, qui donne une filasse plus fine et plus belle que le chanvre, se prépare absolument de la même manière.

LAURE.

Et le coton pousse-t-il aussi?

M. LEDUC.

Le coton est produit par le cotonnier, arbrisseau qui croît dans les pays chauds, et principalement aux Indes et dans les deux Amériques.

Le cotonnier s'élève à huit ou dix pieds. Sa tige, grosse comme le bras, jette une grande quantité de branches. Ses feuilles, larges comme de grandes feuilles de vigne, sont entremêlées de fleurs en forme de cloches de couleur jaune, et rougeâtre à la base. Le fruit est une gousse de la grosseur d'une noix environ, et divisée en plusieurs loges qui contiennent depuis cinq jusqu'à neuf graines d'un brun foncé, et environnées d'un duvet ou flocons d'une grande blancheur. Ce duvet est le coton.

Quand la gousse est mûre et commence à sécher, elle s'ouvre d'elle-même et les flocons de coton s'envolent au vent; on a donc grand soin de ne pas attendre, pour la recueillir, qu'elle soit parvenue à son entière maturité.

Vous comprenez, mes enfants, que la première opération consiste à séparer le coton des graines auxquelles elles adhèrent. Autrefois ce travail se faisait à la main; mais un ouvrier épluchait à peine une livre de coton en tout un jour. Aujourd'hui il se fait par des machines qui, mises en mouvement par l'eau ou la vapeur, épluchent, chacune d'elles, en dix ou douze heures, de quatre à cinq mille kilogrammes de coton.

Quand le coton est épluché on le file.

Jones Hargraves, charpentier anglais sans éducation, sans même d'instruction, inventa, vers 1767, un métier à filer le coton. Ce métier s'appelait *Jeannette* ou *métier à la Jeannette*, *Spinning Jenny*.

L'invention de Hargraves se trouva bientôt entièrement supplantée par une découverte bien supérieure, celle de la filature à cylindres ou à laminoirs, dite *continue*, découverte faite par un pauvre barbier de village, Anglais aussi, Richard Arkwright.

Depuis, les machines d'Arkwright ont subi bien des modifications et bien des perfectionnements.

C'est un nommé Richard, fils d'un pauvre fermier du petit hameau de Trélat, commune d'Epinay, dans le Calvados, qui a établi en France les premières filatures de coton.

MARIE.

Est-ce en France ou en Angleterre qu'on a fait les premiers bas au métier?

M. LEDUC.

La France et l'Angleterre prétendent toutes deux à cet honneur. Ce qu'il y a de certain, c'est que la première manufacture de bas fut établie en France, en 1656, dans le château de Madrid, au bois de Boulogne, sous la direction d'un nommé Hindret. Cet établissement ayant eu un succès considérable, Hindret forma en 1666 une compagnie qui, sous la protection royale, fit faire de si rapides progrès à sa manufacture, que, six ans après, on érigea, en faveur des ouvriers qui y travaillaient, une communauté de maîtres ouvriers de bas au métier.

On tombe dans l'étonnement devant un métier à bas, à la vue des ressorts presque innombrables dont cette machine est composée, et du grand nombre de ses divers et extraordinaires mouvements. Combien de petits ressorts tirent les fils de coton ou de soie à eux, puis les laissent aller pour les reprendre et les faire passer d'une maille dans l'autre d'une manière inexplicable! Et tout cela sans que l'ouvrier qui remue la machine y comprenne rien, en sache rien, et même y songe seulement. En un clin d'œil, cette machine forme des centaines de mailles à la fois, c'est-à-dire qu'elle fait en un moment tous les divers mouvements que les mains ne font qu'en plusieurs heures.

Je ne cherche point à vous expliquer sa construction et son mécanisme. Cela me serait impossible.

CHAPITRE V.

Une tasse de Porcelaine.

Et la porcelaine, mon papa? s'écria le lendemain la petite Laure, qui tenait à grand honneur, en posant les questions, de marcher en avant, comme elle disait si gentiment, dans le grand voyage autour de la maison. Il y a une heure que je tourne et retourne cette jolie tasse si transparente qu'on voit la lumière à travers, sans pouvoir penser comment on a pu la faire ni avec quoi.

Ne serait-ce pas du verre et du lait? ajouta la petite fille en hésitant et en rougissant beaucoup.

Un grand éclat de rire, poussé à la fois par les

deux frères et les deux sœurs, accueillit cette bizarre question de la petite fille.

Laure se mit de bonne grâce à rire avec tout le monde.

— Que penserais-tu, ma Laure, dit monsieur Leduc, si je te disais que cette jolie tasse n'est autre chose que de la terre?

LAURE.

Je serais fort étonnée, mon cher papa; mais je vais d'étonnement en étonnement depuis que nous avons commencé notre beau voyage.

M. LEDUC.

Eh bien! oui, ma fille, la porcelaine est faite avec de la terre.

Mais avant de parler de ta jolie tasse, je te dirai un mot sur la poterie.

L'art de la poterie remonte à la plus haute antiquité.

Si nous repassons les premières scènes du monde, nous voyons nos pères s'essayer, avant tout, à la fabrication de quelques armes grossières pour défendre leur vie contre les animaux devenus rebelles et féroces, en même temps que l'homme devenait pêcheur; puis inventer des étoffes plus grossières encore pour couvrir une nudité qu'ils n'avaient connue qu'en perdant leur innocence; pu , enfin, cuire des briques et des pots de terre.

L'art de la poterie fit de rapides progrès; nous en pouvons juger par l'ancienne coutume de placer des vases dans les tombeaux. On en a retrouvé dans des souterrains qui existaient dix-neuf siècles avant N. S. J.-C., sur lesquels sont représentés, en dessins grossiers, tous les travaux du potier, depuis l'extraction et la préparation de l'argile jusqu'à l'entier achèvement de l'objet fabriqué. On peut voir, d'après ces peintures, que les procédés dont on se sert aujourd'hui étaient en usage dès les temps les plus reculés.

ÉMÉLIE.

Mais on ne faisait point alors de ces jolies tasses de porcelaine...

M. LEDUC.

On ne fit d'abord que de la poterie commune.

MARIE.

Et avec toutes sortes de terres?

M. LEDUC.

Toutes les terres ne seraient point propres à faire de la poterie. On se sert de l'argile ou terre glaise.

L'argile se caractérise par son toucher gras et onctueux, et sa propriété de former, quand on la pétrit avec de l'eau, une pâte liante et ductile qui peut être lissée, polie sous le doigt, et prendre toutes les formes que l'on désire. Un autre caractère essentiel de l'argile, c'est que, quand on l'expose à l'action d'un feu trop violent, elle perd toutes les propriétés que je viens d'énumérer, devient impénétrable à l'eau et à tous les liquides, et acquiert une dureté si prononcée qu'elle peut faire feu au briquet

L'emploi de l'argile pour la confection des poteries repose sur cette modification profonde que la chaleur lui fait subir.

Toutes les poteries, quelles que soient leur valeur, depuis la porcelaine la plus précieuse jusqu'aux plus infimes qualités des vases de terre employés dans les ateliers et dans les cuisines, sont préparées au moyen d'une terre argileuse préalablement moulée par l'intermédiaire de l'eau, et calcinée à une haute température.

Les poteries ne diffèrent donc entre elles que par la pureté de l'argile employée à leur confection.

ÉDOUARD.

Ainsi la faïence, la terre de pipe et la porcelaine se font avec des terres argileuses?

M. LEDUC.

Oui, mon fils.

MARIE.

Et quels peuples ont d'abord excellé dans l'art de la poterie?

M. LEDUC.

Les Chinois et les Grecs.

LAURE.

Ces habiles Chinois qui surent comprendre, apprécier et mettre à profit le travail des vers à soie.

M. LEDUC.

Et qui firent les premiers de la porcelaine, petite fille.

Mais revenons à nos pots de terre et voyons un peu comment on les fait.

Prenons un morceau d'argile, pétrissons bien cette terre dans de l'eau et fabriquons-en une marmite dans laquelle nous ferons le pot-au-feu.

ÉMÉLIE.

Façonne-t-on les pots à la main?

M. LEDUC.

On en viendrait à bout, mais ce serait bien long, et l'on vend les marmites, les terrines, les pots à fleurs, etc., si bon marché qu'il doit y avoir un moyen plus expéditif.

ÉDOUARD.

Le tour à potier.

M. LEDUC.

Le tour à potier, l'un des plus anciens truments de l'industrie humaine.

Le tour à potier consiste en un grand disque de bois auquel le pied de l'ouvrier imprime un mouvement de rotation. Un second disque plus petit, qui porte la pâte à travailler, est fixé sur l'extrémité supérieure de l'axe vertical auquel est fixé le grand disque inférieur. Assis sur un banc, l'ouvrier place au centre de ce plateau une certaine quantité de pâte humide et molle, et faisant tourner le tour avec son pied, il façonne la pâte avec ses deux mains, de manière à lui donner la forme voulue. Il n'y a pas de plus joli spectacle que de voir un potier habile donner à la pâte, avec une rapidité étonnante, les formes les plus variées. Il semble que, par miracle, le vase naisse, se forme, se moule de lui-même entre les doigts industrieux de l'ouvrier.

Quand le vase est fini on l'enlève de dessus la roue et l'on y applique, à la main, les pieds, les anses et les ornements, s'il doit en avoir.

LAURE.

Et notre marmite est faite?

PAULIN.

Va mettre la marmite sur le feu en sortant de la roue du potier, et tu verras ce qu'elle deviendra.

ÉMÉLIE.

Elle se brisera, parce que la terre n'est point cuite.

LAURE.

Mais pourtant on la fait cuire au feu?

M. LEDUC.

Avec bien des précautions, ma fille.
On la laisse sécher, on l'enduit d'un vernis composé de mine de plomb calciné, et on la fait cuire dans un four façonné pour cette opération.

ÉDOUARD.

Ce four n'est-il pas une chambre?

M. LEDUC.

Une chambre ronde plus ou moins grande, et qui n'a que deux ouvertures : une cheminée dans la partie supérieure, et une petite porte sur l'un des côtés. C'est par cette porte que l'on enfourne les pots à cuire. Quand le four est plein, on en bouche la porte avec des briques et de la terre, ne conservant qu'une ouverture par le bas pour chauffer le four. On fait d'abord peu de feu, afin que la chaleur pénètre doucement les pots et ne les fasse point éclater; ensuite, on augmente ce feu et on le rend très violent; puis, on le laisse s'éteindre insensiblement, et quand le four est refroidi on en retire la poterie, qui est prête alors à être mise en vente.

MARIE.

Et la mine de plomb dont on avait enduit les pots.

M. LEDUC.

La mine de plomb a formé ce vernis dur et brillant qui les couvre et qui empêche la graisse bouillante de les pénétrer.

MARIE.

La faïence se fait-elle de la même manière que la poterie commune?

M. LEDUC.

A peu près, mais avec plus de soin.

La faïence était connue des Perses et des Arabes avant de l'être des Européens. Les Maures d'Espagne leur en surprirent le secret et établirent aussitôt une grande manufacture aux îles Baléares. Les produits de cette manufacture prirent le nom de *majolica* ou *majolique*, corruption de Majorque, la principale des Baléares.

On ne tarda pas à faire de la majolique en Italie, et un homme célèbre attacha son nom à l'histoire de cet art nouveau, Luca della Robbia, sculpteur florentin.

Luca della Robbia décorait ses pièces de faïence de figures en reliefs diversement coloriées de jaune produit au maque de plomb et d'antimoine, de bleu foncé, de vert obtenu par le cuivre, et d'un mauvais violet de manganèse. L'art de faire des couleurs avec de l'or n'était pas encore connu en Europe. Nous possédons un autel, ouvrage de cet artiste célèbre. Il se compose de quatre pièces et de deux pilastres. Le fond est en bleu d'azur, les figures blanches, les guirlandes vertes, et les coupes, les fruits, etc., jaune d'or.

La pâte de la majolique n'étant pas d'un blanc irréprochable, les pièces fabriquées étaient recouvertes d'un vernis opaque de couleur particulière qui cachait le corps de la poterie.

De 1540 à 1560, la majolique d'Italie atteignit l'apogée de sa perfection et de sa renommée.

Les principaux endroits de fabrication furent d'abord Florence et Castel-Durante ; mais la célébrité de cette sorte de poterie grandissant de jour en jour, toutes les villes d'Italie, et, entre autres, Faenza, qui aurait depuis donné son nom à la majolique, aspirèrent à l'honneur d'avoir des manufactures.

Selon Mézerai, ce nom de *faïence* viendrait plutôt de Faïence, petit bourg situé en Provence, « et renommé pour les vaisselles de terre qui s'y font, » dit cet historien.

François Ier fit établir une fabrique de faïence près de Paris.

Celle de Nevers fut créée par Henri IV, en 1603.

Après Luca della Robbia en Italie, s'éleva Bernard de Palissy en France.

C'est à Bernard de Palissy que l'on doit l'art de composer des émaux diversement colorés, et de les appliquer sur la faïence.

Ce célèbre artiste naquit à la Chapelle-Biron, petit village de l'Agénois, dans les premières années du seizième siècle. Il s'appliqua dans sa jeunesse à la peinture sur verre et à l'arpentage; mais son grand mérite fut d'être, comme il l'a dit lui-même, *ouvrier de terre*. Après seize ans d'efforts, il réussit à fabriquer ces admirables faïences émaillées qui sont encore très recherchées à cause de leur éclat, de leur émail et de la perfection des objets qui les décorent. Ce sont des reptiles, des poissons, des coquillages, etc., d'une vérité saisissante.

Bernard de Palissy nous a laissé l'histoire de ses découvertes, dans un *traité de la nature des eaux et fontaines, des métaux, des terres, émaux, etc.*, dont nous lirons ensemble quelques fragments.

M. Leduc alla chercher un livre dans sa bibliothèque, et le remit à Edouard, le priant d'en lire une page qu'il lui indiqua.

ÉDOUARD.

« Il y a vingt ans qu'il me fut montré une coupe de terre tournée et esmaillée d'une telle beauté que dès lors j'entroy en dispute avec ma propre pensée en me remémorant plusieurs propos qu'aucuns m'avoient tenus en se moquant de moy, lorsque je peindois des images Ce voyant que l'on commençoit à les délaisser au pays de mon habitation, et que la vitrerie n'avoit pas grande requeste, je vay penser que sy j'avois trouvé l'invention de faire des esmaux, que je pourrois faire des vaisseaux de terre et autre chose de belle ordonnance, parce que Dieu m'avait donné d'entendre quelque chose à la portraiture, et, dès lors, sans avoir égard que je n'avois nulle connaissance des terres argileuses, je me suis mis à chercher les esmaux comme un homme qui taste en ténèbres. »

ÉMÉLIE.

Maintenant cette page où Bernard de Palissy raconte ses essais infructueux, ses tourments, ses douleurs de toutes sortes.

ÉDOUARD.

« Sur cela il me survint un autre malheur, lequel me donna une grande fascherie, qui est que le bois m'ayant failli, je fus contraint de brusler les estapes qui soutenoyent les treilles de mon jardin, lesquelles étant bruslées, je fus contraint de brusler les tables et planchers de ma maison, afin de faire fondre la seconde composition. J'estois en une telle angoisse que je ne saurois dire, car j'estois tout tari et desséché à cause du labeur et de la chaleur du fourneau; il y avoit plus d'un mois que ma chemise n'avoit séché sur moy encore que pour me consoler on se moquoit de moy, et encore ceux qui me devoient secourir alloient crier par la ville que je faisois brusler le plancher, et par tel moyen l'on me fesoit perdre mon crédit et m'estimait-on un être fol. »

M. LEDUC.

A la dérision se vint bientôt joindre la calomnie.

ÉDOUARD.

« Les autres disoient que je cherchois à faire de la fausse monnoye qui estait un mal qui me faisoit seicher sur les pieds et m'en allois par les rues tout baissé comme un homme honteux. »

M. LEDUC.

Bernard de Palissy continua malgré tout ses essais, et prit avec lui un potier pour l'aider dans ses travaux; mais il lui fallut bientôt renoncer à ce soulagement.

« Quand nous eûmes travaillé l'espace de six mois, il fallut donner congé au potier, auquel par faute d'argent je fus contraint de donner de mes vestements pour son salaire. »

Mais prends le livre à ton tour, Marie. Voici une page intéressante entre bien d'autres aussi intéressantes, sans doute.

MARIE.

« Auparavant que j'aie eu mes esmaux fusibles à un mesme degré de feu, j'ay cuidé entrer jusques à la porte du sépulcre. Aussi, en me travaillant à tels affaires, je me suis trouvé l'espace de plus de dix ans si fort escoulé en ma personne, qu'il n'y avoit aucune forme ni apparence de bosse aux bras ny aux jambes : ainsi estoient mes dites jambes toutes d'une venue; de sorte que les liens de quoy j'attachois mes bas de chausses estoient, soudain que je cheminois, sur mes talons... j'estois méprisé et moqué de tous... L'espérance que j'avois me fesoit procéder en mon affaire si virilement que, plusieurs fois, pour entretenir les personnes qui me venoyaient voir, je faisois mes efforts de rire, combien que intérieurement je fusse bien triste... J'ai été plusieurs années que n'ayant rien de quoy faire couvrir mes fourneaux, j'estois toutes les nuits à la mercy des pluyes et vents sans avoir aucun secours, aide, ny consolation, sinon des chats-huants qui chantoyent d'un costé et les chiens qui hurloyent de l'autre... Je suis trouvé plusieurs fois qu'ayant tout quitté, n'ayant rien de sec sur moy à cause des pluyes qui estoient tombées, je m'en allois coucher à la minuit ou au point du jour, accoustré de telle sorte comme un homme que l'on auroit traisné par tous les bourbiers de la ville; et, m'en allant ainsi retirer, j'allois bricollant sans chandelle et tombant d'un costé d'autre, comme un homme qui seroit ivre de vin, rempli de grandes tristesses!... »

PAULIN.

Bernard de Palissy avait réussi, n'est-ce pas, mon père?

M. LEDUC.

Oui, mon fils; mais comme je te l'ai dit et comme il nous l'a dit lui-même, après seize ans d'efforts surhumains, d'indicibles souffrances. Un jour, le bois vint à lui manquer pour chauffer son four. Il courut aux treilles de son jardin, en arracha les pieux, les jeta dans la fournaise; puis il eut recours à ses meubles, aux portes et aux fenêtres, au plancher de sa maison... C'était la dernière ressource, le dernier effort de l'artiste; mais cet effort avait enfin assuré son triomphe... Cette fois, il retira du four une pièce de poterie parée des plus brillantes couleurs : le secret tant cherché était trouvé, le mystère n'était plus un mystère!

LAURE.

Et je suis sûre qu'il devint riche après avoir été si pauvre. Oh! il le méritait bien.

M. LEDUC.

La réputation de Bernard de Palissy se répandit rapidement. Le roi Henri II l'appela à Paris et lui donna un logement dans son propre palais. On ne connut bientôt l'artiste que sous le nom de *Bernard des Tuileries*.

La vie de cet homme célèbre nous montre, mes enfants, ce que peuvent faire le courage, le travail et la persévérance.

Mais pourquoi faut-il que l'erreur de l'hérésie ait obscurci l'éclat d'une si belle vie!

ÉMÉLIE.

Il était protestant?

M. LEDUC.

Oui, ma fille.

LAURE.

Mourut-il dans l'horrible nuit de la Saint-Barthélemy?

M. LEDUC.

Non, à cause de la protection de la reine Catherine de Médicis et du connétable de Montmorency; mais il finit ses jours à la Bastille, à près de cent ans, et toujours hérétique.

Maintenant, mes enfants, faisons une pièce de faïence.

Nous prenons de l'argile comme pour les pots de terre; mais nous la lavons et nettoyons avec beaucoup plus de soin.

ÉDOUARD.

Comment fait-on pour la bien épurer?

M. LEDUC.

On la délaie dans une grande quantité d'eau; on la fait passer au travers d'un tamis de crin moyen, et on fait couler à mesure cette eau chargée d'argile dans de grandes fosses qu'on a creusées en plein air et qui sont pavées de briques et garnies de planches sur les côtés. L'argile reste dans les fosses pendant toute une année. Alors elle a perdu par l'écoulement et l'évaporation une partie de son eau, et elle est bonne à pétrir.

On la met sur le tour pour en faire des plats, des assiettes, des vases, etc., et on la fait cuire comme nous avons fait cuire notre marmite, mais chaque pièce dans un étui ou vase de terre cuite.

Quand l'argile employée pour la faïence est bien pure comme pour la faïence anglaise ou faïence fine, elle reste blanche après la cuisson; quand elle est impure, elle se colore en cuisant, en rouge ou en brun, et tel est le cas pour nos faïences communes de France que l'on désigne souvent sous le nom de *terre de pipe*.

Toutes les faïences doivent être couvertes d'un vernis qui leur donne l'éclat et le poli nécessaires aux usages auxquels on les destine. On emploie pour la faïence fine un vernis transparent, et pour la faïence commune un vernis opaque, afin de masquer la couleur désagréable de la poterie. Le vernis transparent est un mélange de sable et d'oxide de plomb ; le vernis opaque est un émail, c'est-à-dire une combinaison de silice avec de l'oxide d'étain et de plomb.

ÉDOUARD.

Mon père, comment applique-t-on le vernis sur les faïences?

M. LEDUC.

Voici comment on opère pour appliquer sur les faïences la couverte ou vernis :

On pulvérise, de manière à la réduire à un état de grande division, la matière destinée à servir de couverte, et qui consiste, comme nous l'avons dit, en un émail ou verre à base d'oxide d'étain ou de plomb. On délaie cette poudre dans de l'eau, que l'on agite de manière à la tenir en suspension, et l'on plonge dans ce liquide la pièce de poterie cuite et par conséquent poreuse et très absorbante. Par cette immersion rapide, la pièce absorbe une certaine quantité d'eau qui pénètre à l'intérieur de sa substance, en laissant à sa surface une légère couche d'émail pulvérulent. En portant ensuite la pièce au four, l'eau s'évapore, l'émail, matière très fusible, fond par la chaleur, et forme à la surface de la pièce une enveloppe de vernis opaque ou translucide, selon la nature des matières employées.

Et maintenant que nous avons expliqué avec quoi et comment se font la poterie commune et la faïence, nous parlerons de la jolie tasse de porcelaine de notre Laure.

LAURE.

Mon papa, vous avez dit que les Chinois firent les premiers de la porcelaine.

M. LEDUC.

Et je le répète, ma fille.

La porcelaine, mes enfants, est la plus précieuse des poteries, parce qu'elle est obtenue avec une argile particulière appelée *kaolin*, qui est d'une pureté absolue.

L'art de fabriquer de la porcelaine a été connu et mis en pratique de temps immémorial en Chine et au Japon, où il existe de très riches gisements de kaolin.

ÉMILIE.

Les Chinois en envoyaient-ils en Europe?

M. LEDUC.

Ce ne fut qu'en 1518 que la porcelaine fut apportée de Chine par les Portugais. Pour la distinguer des autres poteries, on lui donna ce nom de *porcelaine*, nom dont l'origine n'est pas connue, mais qu'on suppose dérivé du mot portugais, *Porcellano, tasse à boire*.

Les Européens furent frappés d'étonnement et d'admiration à la vue de la pureté, de l'éclat, de la blancheur et de la translucidité de ce précieux produit céramique, et les potiers rivalisèrent d'efforts pour l'imiter et le reproduire.

Deux siècles passèrent avant qu'on ne fît aucun essai heureux : on manquait de kaolin, et en vain y voulait-on substituer les plus savantes compositions chimiques. Les Chinois se moquaient de ces essais infructueux. Faire de la porcelaine sans kaolin, disaient-ils, c'est vouloir soutenir un corps sans os.

Ce ne fut qu'au commencement du dix-huitième siècle que l'on parvint enfin à fabriquer en Europe la véritable porcelaine, cette porcelaine magnifique que les Chinois produisaient depuis plusieurs centaines d'années : on découvrit fortuitement en Saxe un gisement de kaolin.

LAURE.

Oh ! papa, dites-nous comment.

M. LEDUC.

Volontiers, ma fille.

Un maître de forges allemand, nommé Schnorr, passant à cheval dans les environs d'Aue, remarqua que sa monture avait peine à avancer dans un chemin couvert d'une terre blanchâtre et onctueuse. D'un caractère entreprenant, et déjà engagé dans des opérations commerciales importantes, Schnorr eut l'idée d'une nouvelle entreprise : tout le monde à cette époque faisait usage de poudre pour les cheveux : il pensa que cette argile onctueuse remplacerait avantageusement la farine. Il fit des expériences, purifia l'argile inconnue, la réduisit en poudre fine et la proposa sur les marchés. Le succès de cette poudre fut complet dans le monde élégant, et bientôt on n'employa plus à Dresde, à Berlin, à Vienne, à Londres, à Paris, que la *terre blanche de Schnorr* : c'était sous ce nom qu'elle avait paru dans le commerce.

Le valet de chambre de Bottger, chimiste distingué qui cherchait comme tant d'autres alors le moyen de faire de la porcelaine, acheta de la poudre nouvelle pour coiffer son maître, et le chimiste en porta longtemps sans même se douter de ce changement opéré dans sa toilette. Un jour, il prit par hasard le paquet entre ses mains.

Il s'étonna de la pesanteur de la poudre, questionna le valet et fut soudain frappé à l'idée que la terre blanche de Schnorr pourrait être utile dans la fabrication de la porcelaine. Il ordonna aussitôt qu'on s'en procurât en quantité suffisante pour faire une expérience.

C'était le véritable kaolin...

Bottger sortit de ses fours, auprès desquels il veilla lui-même toute la nuit, de la porcelaine que l'on aurait pu prendre pour de la porcelaine chinoise.

L'électeur de Saxe fonda alors à Meissein la première manufacture de porcelaine. Bottger en fut directeur de droit. Les plus grandes précautions furent prises pour que le secret ne passât point en d'autres contrées, et l'exportation de la terre blanche de Schnorr fut défendue sous les peines les plus sévères.

Malgré toutes ces précautions, quelques artistes parvinrent à s'échapper de Meissein qu'on avait converti en véritable forteresse, et, protégés par les princes des différents États d'Allemagne, fondèrent plusieurs manufactures.

Ringler, l'un d'eux, s'établit à Hochst. Il surveillait lui-même tous les travaux de sa fabrique, afin de n'en point laisser surprendre le secret. Ses ouvriers ayant remarqué son penchant pour la boisson, l'enivrèrent, s'emparèrent de ses papiers, y trouvèrent le récit de la découverte du kaolin à Auë et le détail des procédés employés à Meissein, copièrent et recopièrent ces pièces importantes, et vendirent au poids de l'or les précieuses copies.

En Thuringe on découvrit du kaolin aussi fortuitement qu'en Saxe : en 1718, une mendiante offrit au chimiste Machelcid une poudre à sécher l'écriture, qu'elle débitait en petits paquets moyennant une légère aumône. Le fils du chimiste, qui avait étudié à Iéna, fut frappé de la ressemblance de cette poudre avec l'argile de la porcelaine ; il l'analysa : c'était du kaolin. Bientôt les pièces de porcelaine fabriquées en Allemagne ne furent plus distinguées de celles qui sortaient de la Chine que par la marque particulière adoptée par chaque manufacture. La porcelaine de Saxe jouit encore aujourd'hui de la plus haute renommée, et le musée céramique de Dresde est l'un des plus riches du monde. On y voit des animaux de grandeur naturelle, des ours, des rhinocéros, des aigles, des paons, etc.; des consoles, des tables ornées de fleurs magnifiques; des groupes grotesques, etc., etc., etc. Parmi les figures grotesques, les amateurs citent le tailleur du comte de Bruhl, d'une hauteur de vingt centimètres, représenté au milieu de tous les attributs de sa profession, et à cheval sur une chèvre qui ne cède au cavalier ni en beauté de détails, ni en vérité d'expression.

MARIE.

Ainsi on fit de la porcelaine en Allemagne avant d'en faire en France ?

M. LEDUC.

Tandis que l'art de la porcelaine s'élevait en Allemagne à un si haut degré de perfection, les chimistes français, toujours privés de kaolin, multipliaient leurs expériences pour ne point abandonner l'entière victoire aux potiers allemands. Le résultat de ces savantes expériences fut une belle imitation obtenue à Sèvres, et qui prit le nom de *pâte tendre de Sèvres*. Il n'y entrait ni pétunzé ni kaolin, ces deux éléments essentiels de toute véritable porcelaine, mais en quantité différente, du nitre, du sel gris, de l'alun, de la soude, du plâtre de Paris et du sable de Fontainebleau.

La pâte tendre de Sèvres eut un succès universel.

PAULIN.

Etait-ce donc de la porcelaine molle, qu'on la nommait tendre?

M. LEDUC.

Non, mon fils : cette épithète de *tendre* appliquée à la porcelaine, exprime seulement les deux défauts qui la distinguent de la porcelaine dite *dure* : sa fusibilité à une température plus douce, et la facilité avec laquelle le vernis dont on la couvre se laisse entamer par une pointe d'acier. Ces défauts du vieux Sèvres, la pâte tendre de Sèvres, sont devenus, sous la main habile de nos artistes et de nos savants, de véritables avantages pour l'ornementation.

Vers 1760, le frère d'un certain potier de Strasbourg, qui avait le secret de la fabrication des manufactures de Dresde, Pierre-Antoine Hammong, vendit ce secret à la manufacture royale de Sèvres. Mais le kaolin étant indispensable pour la véritable porcelaine, le kaolin n'existant point en France, du moins à ce que l'on croyait, et l'exportation de cette argile précieuse étant prohibée dans toutes les contrées où on la possédait, la fabrication de cette véritable porcelaine resta impossible.

1768 arriva.

1768 devait faire époque dans l'histoire de l'art céramique en France.

Madame Damet, femme d'un chirurgien de Saint-Yrieix, se promenant un jour aux environs de sa demeure, remarqua une terre blanche et onctueuse qu'elle jugea susceptible d'être employée avec avantage pour le blanchissage du linge. Elle en porta à son mari. Le mari soupçonna d'autres propriétés à cette terre et la soumit aux opérations d'un chimiste : c'était du kaolin.

Je ne vous parlerai pas, mes enfants, des chefs-d'œuvre de Sèvres; je me propose de vous faire visiter cette manufacture, aujourd'hui la première du monde.

ÉDOUARD.

Mon père, ne nous direz-vous donc rien de la fabrication de la porcelaine?

M. LEDUC.

La porcelaine véritable se compose de deux sortes d'argile : le *kaolin* et le *pétunzé*.

Le kaolin et l[e] pétunzé ne se trouvent point à

l'état de pureté ; on les débarrasse des substances auxquelles ils sont mêlés, par des opérations compliquées et que vous ne comprendriez pas. On en forme ensuite des briques et on les porte à la manufacture.

Là on les pulvérise de nouveau et l'on en fait, avec de l'eau, une pâte que l'on pétrit afin d'en rendre la consistance uniforme dans toutes les parties.

Ce pétrissage, qui se fait en Chine au moyen de buffles, est opéré par les pieds en Europe.

LAURE.

Ainsi les ouvriers foulent aux pieds la pâte de la porcelaine?

M. LEDUC.

Les ouvriers étendent cette pâte sur une surface plane de pierre ou de bois, et la foulent de leurs pieds en allant du centre à la circonférence, et de la circonférence au centre, toujours par le même chemin.

Le pétrissage par les pieds remonte à la plus haute antiquité ; des dessins de vases trouvés dans les catacombes de Thèbes, nous montrent les potiers foulant ainsi leur argile.

Quand la pâte a la consistance et l'homogénéité requises, il s'agit de lui donner une forme. Le plus grand nombre des articles de poterie étant ronds, on se sert presque toujours de la roue du potier, et l'on y soumet chaque objet à deux opérations successives, l'une complément et perfectionnement de l'autre, l'*ébauchage* et le *tournissage*. Les pièces qui ne peuvent être façonnées à la roue sont moulées ou coulées.

Suit une première cuisson, cuisson imparfaite et qui laisse la porcelaine poreuse et rugueuse.

On l'enduit alors d'une couverte ou glaçure dont l'effet est de s'opposer à l'absorption des liquides par la pâte de la poterie, et de lui donner un éclat et un poli agréables à la vue. La matière qui constitue ce vernis de la porcelaine est le *feldspath*, roche naturelle qui a une grande analogie de composition avec l'argile qui sert à obtenir la porcelaine, mais qui fond à une température inférieure à celle à laquelle le vase se déformerait.

Vous comprenez, mes enfants, que le feldspath est délayé dans l'eau pour faire ce vernis. Un ouvrier plonge avec adressse la pièce à vernir dans le liquide : l'eau est absorbée par la pâte poreuse, et la matière vitrescible se dépose à la surface.

ÉMÉLIE.

Et l'on cuit encore la porcelaine après l'avoir vernissée, mon père?

PAULIN.

En l'enfermant, je gage, dans des étuis de terre cuite, comme l'on fait pour la faïence.

M. LEDUC.

Ces étuis, appelés *cazettes*, ont une forme appropriée à la forme même de la pièce, et sont fabriqués avec des argiles encore moins fusibles que la porcelaine, afin qu'ils résistent à la violence de la chaleur.

ÉDOUARD.

La cuisson est-elle longue?

M. LEDUC.

Elle dure trente-six heures.

MARIE.

Peint-on sur la porcelaine comme sur le carton ou le papier?

M. LEDUC.

Pour *décorer* la porcelaine, on applique sur la pièce déjà cuite et recouverte de son vernis de l'or en poudre ou d'autres substances minérales diversement colorées, qui servent à effectuer le dessin. Ces substances minérales colorées sont mêlées d'un fondant qui est ordinairement le *borax*. On porte au four les pièces ainsi décorées. Par l'action de la chaleur, le borax fond et détermine par cette fusion l'adhérence des matières minérales colorées avec le vernis de la porcelaine.

CHAPITRE VI.

Un Miroir.

LAURE annonça qu'elle avait une question bien importante à faire pour la veillée. Oh! je suis sûre, disait la gentille enfant en sautant de joie, que papa aura de merveilleuses choses à nous raconter à ce sujet!

— C'est le secret de cette belle table d'acajou, petite sœur, répéta bien des fois Paulin dans la journée.

— Non : du bois... Je sais bien que le bois pousse.

— De cette boîte d'ivoire?

— L'ivoire... Je ne sais trop d'où l'ivoire vient, mais enfin il ne sera pas question ce soir de la boîte d'ivoire. Je la garde pour demain ou pour un autre jour.

Marie, la grande sœur et la plus *savante* après Edouard de la petite famille, dit tout bas le mystère de la boîte d'ivoire : ce sont les dents de l'éléphant qui nous donnent l'ivoire...

— C'est l'histoire des montres, des livres ou des épingles?

— Oh! que d'histoires intéressantes! J'en prends note; mais ce n'est pas encore ce que je veux demander à papa ce soir.

Enfin le soir arriva, et Laure entra dans le salon en tenant en main le miroir de sa poupée, et en posant triomphalement la question que personne n'avait pu deviner :

— Qu'est-ce que le verre?

Toute la famille applaudit à la bonne pensée de Laure, et battit joyeusement des mains.

— Ce verre si brillant et qui laisse passer la lumière comme si rien ne l'interrompait, dit monsieur Leduc, est le produit de pierres, de sables et de terres que l'on fait fondre à l'aide d'un feu très violent. Cela te paraît singulier, ma Laure; je t'étonnerais bien davantage si je te disais que nos os, les os de nos membres, produisent aussi du verre et même en assez grande quantité. La matière du verre est répandue avec profusion dans la nature.

ÉDOUARD.

Mais, mon papa, comment a-t-on découvert que ces matières pouvaient produire une si belle chose que le verre?

M. LEDUC.

Pline, dans son histoire de la nature, raconte ainsi les circonstances de la découverte du verre :

Un vaisseau phénicien chargé de sel fut surpris par un violent orage dans les eaux de la mer Morte. Les mariniers voulurent gagner une petite crique qui se trouve dans la direction du Mont-Carmel et dans la partie méridionale de la Judée. Mais telle était la violence de la tempête, qu'en dépit de leurs efforts désespérés, leur embarcation fut jetée à la côte et mise en pièces. Les hommes de l'équipage parvinrent à gagner la terre ; mais pas un arbre, pas un roc qui pût les protéger contre le vent et la pluie. Ils s'éloignèrent de cette rive inhospitalière et s'enfoncèrent dans le désert. Ils s'arrêtèrent enfin sur les bords de Bélus, au pied du Carmel, et voulurent allumer du feu pour sécher leurs vêtements trempés : ni bois, ni herbe. Dans leur détresse, ils retournèrent à la côte où ils trouvèrent quelques débris de leur vaisseau. Ils les rassemblèrent sur le sable et y mirent le feu. Soudain, ils aperçurent autour de leur brasier des masses coagulées qui fixèrent vivement leur attention : ces masses n'étaient autre chose que du verre produit par la calcination du sable et du sel contenu encore dans les débris du navire.

De ce premier pas au point où nous sommes arrivés, il y a loin : il a fallu bien des expériences, bien des essais pour parvenir à faire un gobelet, une bouteille, une vitre, du cristal, etc.

MARIE.

Cette découverte a été faite il y a bien des siècles, sans doute?

M. LEDUC.

L'époque de la découverte du verre est inconnue, mais elle doit remonter dans la nuit des temps, car, dès l'antiquité la plus reculée, les Egyptiens connaissaient l'art de fabriquer des verres blancs et colorés, de les tailler et de les dorer : c'est ce que démontrent les ornements dont étaient parées plusieurs momies trouvées dans les catacombes de Thèbes et de Memphis.

LAURE.

Mais les Egyptiens ne connaissaient pas, j'en suis sûre, l'art de faire de jolis miroirs, comme les grandes glaces du salon et le miroir de ma poupée?

M. LEDUC.

Les miroirs des anciens étaient composés d'une simple lame d'argent poli. Ce ne fut qu'au treizième siècle que les Vénitiens découvrirent le secret d'étamer les glaces. Ils en répandirent dans toute l'Europe sous le nom de *glaces de Venise*.

Mais nous parlerons du verre, mes enfants, avant de parler des glaces ou miroirs.

Les matières qui entrent dans la composition du verre sont de deux espèces principales : les unes salines, les autres terreuses.

Les matières salines sont les sels de tartre, le sel de potasse, la cendre gravelée, le sel de soude, etc.

Les matières terreuses sont les cailloux, les sables et les terres végétales; mais ordinairement on n'emploie que le sable, parce qu'il se trouve dans un état de division convenable.

Un feu extrêmement violent dissout bientôt ces sables et ces sels, qui ne présentent plus qu'une liqueur épaisse dans le creuset : cette liqueur est le verre.

ÉDOUARD.

N'y a-t-il pas plusieurs espèces de verres?

M. LEDUC.

On peut distinguer les verres en *verres incolores*, que l'on emploie pour la gobeleterie, les vitres et les glaces coulées, et en *verres noirs ou colorés*, qui servent à la confection des bouteilles et des objets de verrerie grossière.

ÉDOUARD.

Et le cristal?

M. LEDUC.

Le cristal est un verre excessivement pur et qui jouit de qualités optiques particulières.

ÉDOUARD.

En quoi diffèrent les verres blancs et les verres noirs?

M. LEDUC.

De l'espèce de sel que l'on emploie, d'abord; et, ensuite, du soin que l'on prend à préparer les matières en fusion, c'est-à-dire fondues.

LAURE.

Mon papa, je me représente bien le verre tout bouillant et tout liquide; mais je ne m'explique pas comment l'ouvrier va arriver à faire un carreau de fenêtre, par exemple.

M. LEDUC.

L'ouvrier plonge sa canne dans le creuset rouge contenant le verre liquide.

LAURE.

Sa canne?

M. LEDUC.

La *canne*, outil principal de l'ouvrier verrier, est un tube de fer creux, muni d'un manche de bois.

Donc, l'ouvrier plonge sa canne dans le creuset rouge contenant le verre liquide, puis en soufflant dans la canne et en lui faisant subir divers mouvements de rotation ou de balancement, il donne peu à peu au verre la forme d'un cylindre allongé. Avec des ciseaux il coupe rapidement le dôme qui termine le cylindre de verre encore ramolli par la chaleur; puis il détache de la canne le manchon de verre ainsi façonné, en plaçant une goutte d'eau sur la partie voisine de la canne, et y appliquant aussitôt un fil de fer rouge, ce qui provoque une séparation nette et immédiate. Il coupe ensuite le manchon, suivant sa longueur, au moyen d'une goutte d'eau et d'une tige de fer chauffée au rouge. On porte alors au four d'étendage le manchon de verre. Quand il est suffisamment ramolli par la chaleur, l'ouvrier étendeur, armé d'une règle, affaisse à droite et à gauche les deux côtés du cylindre, puis, au moyen d'un rabot en bois qu'il fait glisser rapidement à la surface du verre, il étend parfaitement la plaque. On la pousse enfin dans le four à recuire et on la laisse refroidir lentement. Elle constitue alors un carreau de vitres.

ÉMÉLIE.

Et pour faire une bouteille?

M. LEDUC.

Rappelons-nous que pour le verre noir la composition du liquide n'est pas tout-à-fait la même que pour le verre blanc.

Pour faire une bouteille, un aide plonge plusieurs fois la canne dans le verre fondu, jusqu'à ce qu'il en ait retiré la quantité nécessaire au façonnage d'une bouteille, et à chaque fois il la tourne constamment entre ses mains. Le *souffleur* prend alors la canne, appuie le verre sur une plaque de fonte en tournant la canne pour former le goulot de la bouteille, puis il souffle dans la canne et donne au verre la forme d'un œuf. Il marque ensuite le col de la bouteille, réchauffe la pièce et la souffle de nouveau après l'avoir introduite dans un moule de bronze qui lui donne la forme et les dimensions convenables. Pour faire le fond de la bouteille, il appuie un des angles d'une petite plaque de tôle rectangulaire, nommée *molette*, au centre de la base de la bouteille, tout en tournant celle-ci avec la canne. Il ne reste plus qu'à détacher la bouteille de la canne et à ajouter une petite corde de verre au sommet du goulot. On place ensuite les bouteilles dans le four à recuire, et on les laisse refroidir lentement.

ÉDOUARD.

J'imagine, mon père, que le cristal diffère du verre proprement dit par la composition du liquide et le soin apporté à sa préparation?

M. LEDUC.

C'est cela même, mon fils. Je n'entre dans aucun détail, car, n'ayant point étudié la chimie, tu ne pourrais me comprendre. Tu sais que le cristal se taille par le ciseau avec la plus grande facilité, et peut recevoir ainsi toutes les formes propres à la décoration. Une variété de cristal, la plus belle variété, imite singulièrement le diamant sous l'influence de la taille; on la nomme *strass*. Si on colore le strass à l'aide de certaines combinaisons chimiques que vous ne comprendriez pas, mes enfants, on obtient des pierres précieuses artificielles.

LAURE.

Mon papa, vous ne nous avez encore rien dit qui se rapporte au miroir de ma poupée.

MARIE.

Attends un instant, petite sœur; j'ai quelque chose encore à demander à papa.

Mon père, les anciens mettaient-ils des vitres à leurs fenêtres? Je le suppose, puisqu'ils connaissaient le verre?

M. LEDUC.

Jamais ni les Grecs ni les Romains n'eurent cette heureuse idée, et l'usage ne s'en est établi en France que vers le dizième siècle; encore, à cette époque, était-ce un luxe réservé aux églises et aux palais.

MARIE.

Qu'employait-on donc pour clore les fenêtres?

M. LEDUC.

Des peaux sèches et préparées, de la corne fondue en feuilles, du canevas.

LAURE.

Comme l'on était malheureux alors! C'est une si jolie invention que celle des vitres. On voit, sans sentir le froid, tout ce qui passe au-dehors, comme si la fenêtre était ouverte.

ÉDOUARD.

Et les lunettes, sont-elles d'invention moderne?

M. LEDUC.

Je parlerai à Laure du miroir de sa poupée avant de répondre à ta question, mon cher Edouard.

La composition de la matière vitreuse, pour en faire des glaces ou miroirs, est à peu près la même que pour le verre; mais on y apporte encore plus de soin.

On *coule* et on *souffle* les glaces.

Pour *couler* on verse la matière fondue sur une table de fonte de la grandeur dont on veut obtenir la glace, et sur laquelle on a posé deux tringles ou règles de fer plat de l'épaisseur que l'on désire lui donner. Quand la matière est versée, on passe dessus, pour l'étendre, un gros rouleau qui rejette sur les côtés le verre liquide qui est superflu, ensuite on glisse cette pièce nouvelle dans un four qui est tout auprès et où on la fait recuire avec celles qui doivent compléter la fournée.

On *souffle* les glaces absolument de la même manière que le verre à vitre.

Quand les glaces coulées ou soufflées, sortent du four, elles sont brutes : elles ont encore deux grandes opérations à subir avant d'embellir nos appartements et réfléchir les objets avec cette exactitude, ce vrai que vous connaissez; il faut encore qu'elles soient *polies* et mises *au tain*.

Portons donc notre glace dans l'atelier du *dégrossi*, couchons-la horizontalement sur une pierre de liais où nous la scellerons afin de la rendre immobile, et adoucissons les inégalités de la surface, en faisant glisser dessus une autre glace de volume moindre et chargée d'un poids plus ou moins fort. Pour aider à notre opération, nous verserons de l'eau et du sable entre nos deux glaces. Quand notre glace sera bien dégrossie, il s'agira de la polir, c'est-à-dire d'en effacer, d'en abattre les plus petites inégalités; pour y parvenir, nous nous servirons d'une petite planche garnie de feutre et de poudre de tripoli et d'éméri.

LAURE.

Et maintenant nous travaillerons l'autre face, n'est-ce pas, papa? C'est le même côté, sans doute, que nous avons dégrossi et poli?

M. LEDUC.

Oui, ma Laure.

Il ne s'agit plus que de mettre notre glace au *tain*, et voici comment on s'y prend :

On étend sur une grande pierre de liais une feuille d'étain si mince et si légère que le moindre souffle l'agite, on répand sur cette feuille du vif-argent et l'on fait doucement glisser la glace sur cette couche d'étain.

ÉDOUARD.

Je comprends parfaitement la feuille d'étain; mais le vif-argent, à quoi peut-il servir?

M. LEDUC.

Le vif-argent sert à coller la feuille d'étain à la glace. Pour aider à cette opération, on *charge* la glace, c'est-à-dire que l'on met dessus de petits boulets de canon ou des masses de plomb contenues dans des sébiles de bois. On laisse cette charge pendant quinze ou dix-huit heures. Alors on lève la glace et on la met égoutter, c'est-à-dire qu'on la dresse contre la muraille pour que puisse s'en échapper tout le vif-argent qui ne s'est pas incorporé à l'étain.

ÉMÉLIE.

Et notre glace est faite?

M. LEDUC.

Notre glace est faite.

C'est au célèbre ministre Colbert que l'on doit la fabrication des grandes glaces en France. Les manufactures de Paris et de Saint-Gobain sont depuis longtemps sans rivales.

Réfléchissez maintenant, mes enfants, et voyez ce que l'industrie humaine a produit : cette bouteille, ce carreau, cette glace, d'où tout cela vient-il? De quelques poignées de sable semblable à celui que nous foulons aux pieds sans y faire attention.

Pour répondre à la question de tout à l'heure relative aux lunettes, mon cher Edouard, je te dirai que les anciens ne connaissaient point les lunettes : l'invention en est due, disent les uns, à un Florentin nommé Salvino, et, selon les autres, au Pisan Spina. Quoi qu'il en soit, on s'en servait au quatorzième siècle, et ce fut certainement une des plus utiles inventions.

ÉDOUARD.

Les anciens ne devaient pas connaître non plus les lunettes d'approche?

M. LEDUC.

Non, mon fils. Les anciens examinaient les astres avec de longs tuyaux, de manière, dit Aristote, à reproduire l'effet d'un puits, du fond duquel on voit les étoiles en plein jour.

On doit l'invention de la lunette d'approche à Jean Lippershey, opticien, bourgeois de Middelbourg, et natif de Wesel.

MARIE.

Vers quelle époque cette invention, mon père?

M. LEDUC.

1606 ou 1608.

ÉDOUARD.

Comment le bourgeois de Middelbourg était-il parvenu à construire la lunette d'approche? Est-ce par la force de son esprit ou par un effet du hasard?

M. LEDUC.

Si l'on en croit la tradition, Lippershey ne serait arrivé que par hasard à créer cet admirable instrument.

On raconte qu'un étranger lui ayant commandé des lentilles convexes et concaves, vint les chercher au jour convenu, en choisit deux, les mit devant son œil en les éloignant et en les écartant tour à tour, paya, puis partit sans rien dire. Lippershey, demeuré seul, imita les dispositions qu'il avait vu employer, et reconnut ainsi le grossissement.

Suivant une autre version, les enfants de Lippershey ayant rapproché par hasard et à la distance voulue deux lentilles, dont l'une était concave et l'autre convexe, poussèrent des cris de joie en voyant de si près le coq du clocher de Middelbourg. Le père, qui était présent, fixa aussitôt les deux verres aux deux extrémités d'un tube, et construisit ainsi la première lunette d'approche.

MARIE.

Et vit-on dès lors des lunettes d'approche à Paris?

M. LEDUC.

Dès 1609.

Voici ce qu'on lit dans le *Journal du règne de Henri IV*, par Pierre de l'Estoile, à cette date de 1609 :

« Le jeudi, 30 avril, ayant passé sur le pont marchand, je me suis arrêté chez un lunetier qui montrait à plusieurs personnes des lunettes d'une nouvelle invention et usage. Ces lunettes sont composées d'un tuyau long d'environ un pied : à chaque bout il y a un verre, mais différent l'un de l'autre. Elles servent pour voir distinctement les objets éloignés qu'on ne voit que très confusément. On approche cette lunette d'un œil, on ferme l'autre : et regardant l'objet qu'on veut connaître, il paraît s'approcher et on le voit distinctement, en sorte qu'on reconnaît une personne d'une demi-lieue. On m'a dit qu'un lunetier de Middelbourg en avait fait l'invention. »

ÉDOUARD.

Y a-t-il plusieurs sortes de lunettes d'approche?

M. LEDUC.

Il y a trois sortes de lunettes d'approche : la lunette astronomique, la lunette terrestre, et la lorgnette de spectacle.

Il y a aussi le télescope, le microscope, etc. Je n'entrerai actuellement dans aucun détail, mes enfants; vous êtes encore trop jeunes pour comprendre la théorie de ces magnifiques instruments.

CHAPITRE VII.

Un Livre.

Mon papa, dit Laure, je gage que je vais vous proposer aujourd'hui pour entretien la merveille des merveilles : *un livre.*

M. LEDUC.

Je te félicite, ma fille, sur ton heureuse idée.

ÉDOUARD.

Mon père, que de merveilles dans une seule merveille : le papier, l'impression, la reliure...

M. LEDUC.

Commençons par le papier.

LAURE.

Avec quoi fait-on donc le papier?

ÉMÉLIE.

Avec de vieux chiffons de toile.

LAURE.

Ah! je comprends : les chiffons de toile se font avec le lin et le chanvre; le lin et le chanvre poussent, je m'en souviensbien.

M. LEDUC.

Le papier des anciens poussait aussi, mes enfants; c'étaient des fibres végétales qu'ils préparaient de manière à ce qu'elles pussent recevoir l'écriture; ils savaient les transformer en surfaces brillantes, souples, polies et susceptibles d'une longue conservation; c'est le papyrus; les Egyptiens, les premiers, trouvèrent le moyen de préparer le papyrus pour pouvoir y écrire; d'où le nom de papyrus à cette plante qui croissait alors en abondance dans les marais du Nil.

Les plus beaux papyrus avaient reçu le nom de *papyrus hiératique* : les prêtres s'en servaient pour les écrits religieux, et, de peur qu'on ne le consacrât à des ouvrages profanes, les lois égyptiennes défendaient de le vendre aux étrangers. Aussi le papyrus demeura-t-il longtemps la propriété exclusive des prêtres égyptiens. Cependant, pour jouir à leur tour de ce précieux papyrus, quelques amateurs romains achetèrent en Egypte des livres religieux, et les lavèrent, pour pouvoir écrire à leur tour sur le même papier. Ce papier lavé, très estimé à Rome, se nommait papier *auguste*. Puis sont venus les livres d'écorce; à ces derniers ont succédé les livres de lames de bois enduites de cire ; à ceux-ci les livres de cuir, de parchemin, de chiffons de soie, de chiffons de coton, enfin les livres de chiffons de chanvre.

ÉMÉLIE.

Ce cuir, c'étaient des peaux de bêtes?

M. LEDUC.

Des peaux de bêtes préparées. Montfaucon nous apprend que le livre de Zoroastre avait été écrit sur douze cent soixante peaux de bœuf...

PAULIN.

Ah! papa, il eût été bien difficile de relier un tel ouvrage !

MARIE.

Ne te souviens-tu pas que les anciens cousaient ensemble, au bout l'une de l'autre, les feuilles préparées, qu'elles fussent papyrus, cuir ou parchemin, et qu'ils les roulaient sur un morceau de bois arrondi?

Mais puisque l'occasion se présente de parler *reliure*, pénétrons dans un atelier de ce genre au quatorzième siècle :

« Le relieur est assis près d'un banc garni d'outils de menuiserie : la scie, les tenailles, le marteau sont accrochés à la muraille. Il prend une planche et l'ajuste au volume qu'il a déjà cousu et rogné ; il la scie pour en faire les côtés de la couverture; il les fixe au volume au moyen des ligatures et des nerfs qui sont attachés aux coutures des feuillets, et qu'il attache aux planches. Il couvre ces planches d'un cuir fauve, rouge ou blanc. Il les serre avec cinq gros clous de fer ou de cuivre; il en plante un à chaque coin, et un au milieu. Il ramène les bords du cuir à l'envers de la couverture, et les y colle; il recouvre cet envers d'une feuille de parchemin. Il met son volume en presse, et la reliure est terminée si c'est pour un particulier; mais si c'est pour la bibliothèque d'une communauté, ou d'une maison ecclésiastique, on appelle un serrurier, qui l'attache aux plus massifs pupitres, par une chaîne dont l'extrémité passe dans un anneau de fer fixé au milieu de la couverture. »

Je complèterai actuellement ce que j'ai à vous dire sur le papier.

LAURE.

Je suis sûre que ce sont encore ces vilains Chinois jaunes qui trouvèrent le moyen de faire de véritable papier.

M. LEDUC.

Oui, c'est en Orient que l'on a préparé pour la première fois le papier. Les Chinois le fabriquaient avec de la soie, les Japonais avec le coton, le chanvre, l'écorce du mûrier et la paille de riz.

Les procédés de fabrication du papier étaient de temps immémorial mis en pratique en Orient, lorsque des manufacturiers arabes allèrent, vers le onzième siècle, établir en Espagne des fabriques de papier de coton. Ils le faisaient avec du coton cru, et comme ils ne connaissaient ni les moulins à eau, ni les divers procédés qui rendent le papier propre à recevoir l'écriture, ce papier était fort imparfait : il avait peu de corps et se déchirait à la moindre traction.

Cependant les procédés de cette fabrication une fois connus en Europe, on ne tarda pas à les appliquer, ce qui rendit bientôt général dans tout l'Occident l'usage du papier.

MARIE.

Le papier de coton ?

M. LEDUC.

Dans les manufactures européennes, on fut naturellement conduit à substituer le lin au coton cru qui, dans les premiers temps et d'après le procédé des Arabes, servait à la confection du papier.

Ce papier de lin a commencé à être fabriqué vers l'an 1300. Une lettre adressée en 1315 par l'historien Joinville au roi de France Louis X dit le Hutin, est écrite sur du papier de lin.

ÉDOUARD.

Se servit-on de lin cru comme l'on s'était servi de coton cru?

M. LEDUC.

Après le coton cru on avait employé les chiffons de coton. On se servit donc immédiatement ensuite de chiffons de toile. Ces chiffons hachés, bouillis dans l'eau, et maintenus dans une sorte de fermentation, étaient ainsi amenés à former une pâte propre à être convertie en papier. L'invention des moulins à bras, et bientôt celle des moulins à martinet mus par l'eau, dont on se servit en Italie pour la première fois pour le papier de coton, donnèrent ensuite le moyen de perfectionner la fabrication du papier.

ÉDOUARD.

A quoi furent destinés les premiers papiers de lin fabriqués en Europe?

M. LEDUC.

A recevoir l'écriture; aussi avaient-ils beaucoup de corps et étaient-ils collés; les premiers ouvrages imprimés furent exécutés sur des papiers collés, ce qui permettait d'ailleurs plus facilement de les recouvrir de peintures et d'ornements à la main pour les faire ressembler aux manuscrits. On ne commença qu'au seizième siècle à imprimer les livres sur du papier sans colle; aussi, dès ce moment, le prix du papier destiné à l'impression, diminua-t-il de moitié.

ÉDOUARD.

A quelle époque fit-on des papiers de tenture?

M. LEDUC.

L'usage de recouvrir les murs de nos appartements vient encore de la Chine et du Japon. Les Hollandais et les Espagnols l'apportèrent en Europe vers l'an 1555?

LAURE.

Les murailles des appartements restaient-elles donc toutes nues avant l'année 1555.

M. LEDUC.

Primitivement on les laissa sans nul ornement. Ensuite on les couvrit de tapisseries d'herbes et de jones que l'on fabriquait à Pontoise, et de ces tentures de cuir doré, très richement gaufrées, dont on retrouve encore çà et là de magnifiques débris chez les marchands antiquaires, ou dans le musée de Cluny à Paris.

ÉDOUARD.

Les anciens recouvraient aussi les murs de leurs appartements de tentures?

M. LEDUC.

Oui, de riches draperies et quelquefois de peintures.

Je vais vous parler de la fabrication du papier.

Le papier se fabrique aujourd'hui par deux

procédés distincts : à la main et par des appareils mécaniques.

Dans tous les cas, les chiffons sont triés avec soin, lessivés à la soude, lavés, défilés.

ÉMÉLIE.

Comment, mon papa, on défile tous les chiffons? on en fait donc une sorte de charpie?

M. LEDUC.

Le *défilage* est une opération qui réduit les chiffons en une pâte; des machines armées de dents métalliques et mises en mouvement par une chute d'eau ou par la vapeur, déchirent les chiffons en tous sens et de telle sorte que ces chiffons ne sont plus chiffons, mais se transforment en véritable pâte.

Quand cette pâte a été bien raffinée, c'est-à-dire quand elle a subi une autre sorte de pétrissage dans la cuve dite *raffineuse* où fonctionnent d'autres machines armées de dents plus serrées et plus nombreuses, on la blanchit au chlore, on l'étend d'eau, et elle est prête à être transformée en papier.

Pour faire du papier à la main, un ouvrier dit *ouvreur* plonge dans la pâte un cadre ou *forme* consistant en un châssis de bois recouvert de fils de cuivre que soutiennent, de distance en distance, d'autres fils plus gros et plus forts. Il l'y maintient horizontalement, la retire dans la même position et répartit également la pâte. Alors un autre ouvrier fait un peu égoutter la forme, renverse la feuille de papier sur un morceau de drap qui est ainsi tout prêt à recevoir une nouvelle feuille. Quand il y a un nombre suffisant de feuilles entre les draps superposés, on porte le tout sous une presse pour en exprimer l'eau. On sépare ensuite les feuilles, on les fait sécher, on les colle si le papier doit servir à l'écriture, on remet en presse, on sèche de nouveau, enfin on met les feuilles en *mains* puis en *rames*.

Passons au papier à la mécanique, procédé inventé en 1799 par un certain Louis Robert, employé à la papeterie d'Essonne.

La pâte bien préparée, bien blanchie, est conduite par l'action du mécanisme moteur dans un bassin peu profond, et de là sur un cylindre tournant qui est recouvert d'une étoffe de flanelle sur laquelle elle s'attache et se fixe par une sorte d'aspiration qui résulte du mouvement rapide dont le cylindre est animé. Ainsi recouverte d'une couche de pâte de papier, cette flanelle s'enroule successivement autour d'une série de larges rouleaux métalliques creux qui sont chauffés par la vapeur à leur partie interne. Par ce passage successif sur des rouleaux chauffés, la pâte sèche, durcit peu à peu et finit par acquérir la consistance d'une feuille de papier humide. Il se forme de cette manière une bande de papier continue, que des ciseaux mus par la machine découpent en feuilles de la dimension voulue. Ces feuilles sont placées une à une entre des plaques de zinc que l'on soumet à l'action de la presse pour en exprimer l'humidité. Enfin les feuilles sont séchées dans une étuve et sont alors propres à l'usage.

LAURE.

Enfin nous avons du papier pour notre livre! Il ne nous reste plus qu'à l'imprimer.

M. LEDUC.

Mais là est la grande affaire, petite fille. Sais-tu depuis combien de temps on imprime des livres? On n'imprime des livres que depuis 1450 ou environ.

ÉMÉLIE.

Il n'y a guère que quatre cents ans, et le monde existe depuis près de six mille ans!

M. LEDUC.

Avant le quinzième siècle l'imprimerie était inconnue. On ne se servait que de manuscrits, et voici comment s'exécutaient ces manuscrits qui, en très petit nombre, composaient la bibliothèque des cloîtres et des châteaux.

Le *libraire*, qui était un *homme instruit en toutes sciences*, confiait au *copiste* le manuscrit à reproduire;

Le *parcheminier* préparait les peaux douces, reluisantes et polies sur lesquelles l'*écrivain* exécutait son travail;

L'*artiste* rehaussait les pages du manuscrit de peintures et de dorures;

Le *relieur* réunissait les feuilles du livre, qui revenait dès lors, à l'état d'achèvement, entre les mains du *clerc-libraire*.

MARIE.

Mais, mon papa, un livre devait coûter excessivement?

M. LEDUC.

Beaucoup de ces manuscrits valaient plus de six cents francs de notre monnaie. Ils avaient pourtant fini par rendre peu de services, car les copistes multipliaient tellement les abréviations que les savants avaient quelquefois de la peine à les lire. L'imprimerie n'a jamais été connue avant Gutenberg de Mayence.

ÉDOUARD.

Et en quoi consistait l'impression tabellaire?

M. LEDUC.

On gravait toute une page sur une planche de bois. On recouvrait cette planche d'encre grasse, et l'on appuyait des feuilles de parchemin ou de papier sur lesquelles on transportait ainsi ce qui était sur le bois. Il fallait un temps immense pour imprimer un ouvrage; néanmoins, on vint à bout, dans les premières années du quinzième siècle, de faire une *bible des pauvres* d'après ce procédé.

Ces simples tables de bois sculpté ne sauraient être considérées comme les débuts de l'imprimerie, qui a pour base essentielle la mobilité des caractères.

ÉDOUARD.

Mon père, j'ai lu dans une *Galerie des hommes célèbres* que la maison de Jean Gutenberg, à Mayence, était décorée de sculptures et d'ornements allégoriques selon l'usage des imagiers en pierre du moyen-âge, et qu'au-dessus de la porte d'entrée était représentée la tête d'un taureau colossal avec cette inscription : *rien ne me résiste.*

M. LEDUC.

Tout cela est fort vrai, mon fils, et l'on peut dire que la devise inscrite au front de la *maison du taureau noir de Mayence* est devenue celle de Gutenberg, celle de l'imprimerie.

MARIE.

Mon père, nous n'avons point lu toute l'histoire de Gutenberg; nous espérons que vous nous en direz quelque chose.

M. LEDUC.

Ce sera un plaisir pour Edouard de nous dire ce qu'il a lu de l'histoire de l'inventeur de l'imprimerie.

ÉDOUARD.

Jean Gutenberg, le *père de l'imprimerie*, naquit à Mayence, en 1409. Il passa une partie de sa jeunesse sous le toit paternel. A l'âge de vingt ans, il perdit son père, et, comme il n'avait pour héritage qu'une petite rente, il alla à Strasbourg où il entra d'abord, dit-on, chez un lapidaire. Mais ses loisirs et ses veilles étaient, sans distraction, pour une grande pensée : il cherchait le moyen de multiplier les manuscrits à l'aide d'un moule unique qui, recouvert d'encre grasse, permettrait d'obtenir sur le papier un nombre indéfini de reproductions du texte. Il travailla seul pendant quelques années. Enfin, en 1436, il forma une association qui avait pour but de mettre en œuvre un art secret et merveilleux, association dont les principaux membres étaient trois ouvriers, André Dritzchem, Jean Riff et André Heilman. Dans la description de cet art il est question d'une presse montée, de planches serrées par des vis et fixées sur la presse, lesquelles planches se *décomposent* quand les vis sont desserrées.

M. LEDUC.

Voilà, à ne pas s'y méprendre, mon fils, l'imprimerie s'efforçant de naître. Si les documents de l'époque ne disent pas le mot, c'est que le mot n'était pas encore inventé.

ÉDOUARD.

Les essais de Jean Gutenberg avaient occasionné de nombreuses dépenses; ses courageux associés se trouvèrent entièrement ruinés.

M. LEDUC.

Tu ne nous dis pas, mon fils, que Gutenberg était parvenu à graver facilement des lettres métalliques mobiles; il ne lui restait qu'à obtenir un métal ou un alliage convenable pour la confection de ces lettres et pour l'usage auquel il les destinait. Le fer était trop dur : il perçait le papier; le plomb était trop mou : il s'écrasait sous l'effort de la presse. Le bois n'aurait offert ni la force ni la durée nécessaire pour un tel emploi. Il fallait un alliage susceptible d'être coulé dans des moules.

PAULIN.

Un alliage ni trop mou ni trop dur.

M. LEDUC.

Tu as dû lire aussi, Edouard, que pour arriver à créer l'œuvre glorieuse qu'ils avaient entreprise, les associés de Gutenberg, ruinés comme tu l'as dit, n'hésitèrent pas à vendre leurs meubles, leurs bijoux, leur patrimoine.

ÉDOUARD.

Mais ils moururent... Gutenberg, découragé, poursuivi par ses créanciers, abandonna ses travaux et quitta Strasbourg.

M. LEDUC.

On conserva longtemps à Strasbourg, ce véritable berceau de l'imprimerie, les premiers caractères que Gutenberg employa. Ces lettres se plaçaient les unes à côtés des autres, s'enfilant par un cordon comme les grains d'un chapelet.

Continue, mon fils, et dis nous ce que fit le grand homme en quittant Strasbourg.

ÉDOUARD.

Il retourna à Mayence, sa ville natale, et, comme les ressources lui manquaient pour continuer son œuvre, il s'associa avec un orfèvre nommé Jean Faust. Mon livre ne dit rien de ce Faust.

M. LEDUC.

Faust était un riche orfèvre de Mayence. Ce n'était point par amour de l'art qu'il s'associait à l'illustre Gutenberg, mais par amour du gain; on dit qu'il avait pris toutes ses précautions, en prêtant de l'argent à l'inventeur, pour recueillir entièrement les bénéfices de l'entreprise. Gutenberg et Faust admirent dans leur société un homme industrieux et éclairé, Pierre Schœffer, que Faust choisit bientôt après pour son gendre.

ÉDOUARD.

On pense généralement que ce fut ce Pierre Schœffer qui réussit à produire, en combinant, en proportions convenables, le plomb et l'antimoine, ce précieux alliage au moyen duquel on obtient des lettres aux fines arêtes, moins dures que celles de fer, mais assez fortes pour résister à l'effort de la presse.

M. LEDUC.

L'imprimerie était créée!

ÉDOUARD.

L'invention étant accomplie, Faust, qui n'en

voulait point partager les bénéfices, ne songea qu'à se débarrasser de l'inventeur. Créancier impitoyable, il exigea le remboursement immédiat de quelques milliers de florins qu'il prétendait lui être dus; et comme Gutenberg n'avait pas assez d'argent, ses caractères, sa presse, son atelier, tout resta à l'orfèvre mayençais.

MARIE.

Et que fit le malheureux Gutenberg?

ÉDOUARD.

Il erra pendant dix ans en proie à la misère. Il en vint à n'avoir pas de pain... Enfin il fut recueilli par l'archeveque de Mayence, qui le mit au nombre de ses gentilshommes, et qui lui fit une petite pension. Gutenberg put ainsi consacrer ses dernières années au perfectionnement de son œuvre. Il mourut en 1468.

M. LEDUC.

Et l'imprimerie Gutenberg et Faust?

ÉDOUARD.

L'imprimerie Gutenberg et Faust était devenue l'imprimerie Faust et Schœffer. Elle prospéra.

M. LEDUC.

Tu ne nous dis pas que pour s'assurer la fidélité des ouvriers mécontents de sa conduite envers *le maître*, Faust exigea d'eux un serment sur la bible; et que pour garder le secret de l'impression de Gutenberg, il les tint sous clef dans de sombres caves où il avait établi des ateliers, et les força à souscrire des billets dont il aurait retenu le montant sur leur salaire en cas d'indiscrétion. Le vieil usurier put ainsi vendre ses livres pour des sommes considérables.

Après les jours de miséricorde que le Seigneur donne souvent aux méchants, sur la terre, vient le jour de la justice : Faust mourut subitement de la peste, au milieu de ses plus beaux succès; c'était vers 1466.

MARIE.

Et Pierre Schœffer?

M. LEDUC.

Pierre Schœffer devenu propriétaire de l'imprimerie, continuait à exploiter l'invention nouvelle quand Mayence fut prise d'assaut et livrée au pillage. Il mourut dans le désastre.

Son fils Jean Schœffer lui succéda.

Jean Schœffer n'imita pas la déloyauté de Faust envers Gutenberg : Faust avait entrepris de dépouiller Gutenberg non-seulement des bénéfices, mais de la gloire de l'invention de l'imprimerie : Jean Schœffer lui restitua toute cette gloire : il écrivit en tête d'un livre imprimé en 1505, et dédié à l'empereur Maximilien :

« C'est à Mayence que l'art admirable de la typographie a été inventé par l'ingénieux Jean Gutenberg, l'an 1450, et postérieurement amélioré et propagé pour la postérité par les travaux de Faust et de Schœffer. »

Après la mort de l'inventeur de l'imprimerie,

les enfants de Gutenberg, comme on appelait les ouvriers imprimeurs, se dispersèrent sur divers points de l'Europe. Ils allèrent s'établir à Cologne, à Augsbourg, à Nuremberg, à Bâle, etc.

MARIE.

Et Paris?

M. LEDUC.

L'imprimerie commença à être exercée à Paris dès 1469. On doit son établissement aux docteurs de la maison de Sorbonne, qui appelèrent à Paris trois imprimeurs de Mayence.

En France, le peuple poursuivit les premiers imprimeurs comme sorciers; un tribunal même fit confisquer leurs livres, et sans Louis XI, qui les protégea en arrêtant les poursuites et en achetant les ouvrages, la science eût eu de nouvelles victimes.

ÉDOUARD.

Est-ce Louis XI qui fonda l'imprimerie impériale de Paris?

M. LEDUC.

Louis XI, Charles VIII, Louis XII et François Ier accordèrent aux imprimeurs de grands priviléges; mais l'imprimerie impériale ne fut fondée que par Louis XIII, ou, pour mieux dire, par son ministre le cardinal Richelieu; on l'installa d'abord au rez-de-chaussée et à l'entresol de la grande galerie du Louvre, puis, en 1809, à l'ancien hôtel de Rohan, rue Vieille-du-Temple, où elle est encore aujourd'hui.

MARIE.

Mon père, quels furent, après Jean Gutenberg, de Mayence, les imprimeurs les plus célèbres?

M. LEDUC.

Les Alde à Venise, les Elzévir à Leyde, les Didot en France, et Baskerville en Angleterre.

Je vais actuellement essayer de vous donner une idée de l'impression.

L'impression s'exécute au moyen de lettres isolées que l'on réunit pour former les mots. Les mots forment les lignes. Les lignes forment les pages.

ÉDOUARD.

Ces lettres sont composées d'un alliage de plomb et d'antimoine : mais y entre-t-il plus de plomb que d'antimoine, ou plus d'antimoine que de plomb?

M. LEDUC.

Infiniment plus de plomb : quatre-vingt parties sur cent. L'antimoine ajouté au plomb dans cette proportion, lui donne toute la dureté nécessaire pour résister à l'action de la presse.

MARIE.

Comment fait-on ces lettres ou caractères?

M. LEDUC.

On coule l'alliage fondu dans un moule qui forme une sorte de petit canal allongé. Au fond de ce canal on a placé une *matrice* reproduisant avec fidélité la lettre gravée en creux fournie par le graveur de caractères, qui a exécuté en acier le type primitif de cette lettre.

ÉDOUARD.

Ainsi la lettre préparée par le fondeur de caractères se compose de deux parties?

M. LEDUC.

Oui, mon fils : la lettre même, et une tige aplatie sur laquelle cette lettre est fixée, et qui doit permettre à l'ouvrier imprimeur de la manier facilement pendant le travail de la composition.

ÉMÉLIE.

Qu'est-ce que le travail de la composition?

M. LEDUC.

Le *compositeur* est l'ouvrier qui arrange les lettres pour en former les lignes, puis les pages. Son travail se nomme *composition.*

Les compositeurs doivent avoir une certaine instruction, c'est-à-dire savoir passablement leur langue, bien connaître l'orthographe et la ponctuation.

Le compositeur, debout devant une table inclinée appelée *casse,* tient en main le *composteur.*

ÉDOUARD.

Qu'est-ce que la casse?

MARIE.

Et qu'est-ce que le composteur?

M. LEDUC.

La casse est une sorte de tiroir, de boîte à compartiments appelés *cassetins.*

Les cassetins contiennent les différentes lettres de l'alphabet, les chiffres, les signes de la ponctuation, et des espaces pour séparer les mots. Les plus grands sont réservés aux lettres qui reviennent plus souvent, telles que l'*a*, l'*e*, l'*i*, l'*m*, l'*r*, le *t*.

Le composteur est une règle métallique sur sur laquelle glisse une sorte d'équerre en rasant un de ses bords. Ce bord est percé de trous également espacés qui permettent de fixer l'équerre avec un petit boulon quand l'ouvrier a obtenu l'écartement voulu ou la longueur de la ligne qu'il désire.

Quand la première ligne est composée, on applique sur elle une lame ou une *interligne* de cuivre poli, contre laquelle on pose les lettres de la seconde ligne.

Ainsi, supposons que le compositeur ait à écrire en trois lignes cette traduction de l'épitaphe de Jean Gutenberg, gravée en latin sur son tombeau dans l'église des Récollets à Mayence, et composée par le patricien Gethus :

« A Jean Genszfleisch (Gutenberg), inventeur de l'art de l'imprimerie, qui a le mieux mérité de toute nation et de toute langue, Adam Gethus fit cette inscription en mémoire immortelle de son nom. »

Il prend un *a*, un A majuscule, dans le cassetin qui contient les A majuscules, et le met dans le composteur. Il place ensuite une ou deux espaces pour séparer ce mot *à*, qu'il vient de composer, du mot *Jean* qui va suivre.

ÉMÉLIE.

Qu'est-ce que les espaces?

M. LEDUC.

Les espaces sont des petits morceaux de métal aussi larges que ceux qui portent les lettres, mais plus minces et moins hauts, afin de ne pas recevoir d'encre et de ne pas marquer sur le papier. C'est ce qui forme les blancs qui sont entre les mots.

Le compositeur passe au mot *Jean*, prenant chaque lettre nécessaire, J, e, a, n, dans les cassetins qui les renferment.

ÉMÉLIE.

Il les prend une à une?

M. LEDUC.

Oui, ma fille. Un compositeur peut ainsi lever dix mille lettres par jour, et l'on a calculé que pendant les trois cents jours de l'année, sa main parcourt en moyenne treize cents lieues.

Après le mot *Jean*, autres espaces; puis le mot *Gutenberg*, etc.

Supposons qu'après le mot *imprimerie*, la ligne soit entièrement composée : le compositeur applique alors l'interligne qui doit séparer la première ligne de la seconde.

Il passe à la seconde ligne, et après celle-ci nouvelle interligne.

MARIE.

Et si le composteur est rempli?

M. LEDUC.

Quand le composteur est rempli, le compositeur enlève les lignes en les serrant entre le pouce et l'index, et il les met dans la *galée*, petite planchette carrée dont l'angle inférieur est muni d'un rebord en équerre.

Dès qu'il y a assez de lignes pour former une page ou *paquet*, on les lie avec des ficelles et l'on place le paquet sur une table de marbre.

Comme on n'imprime pas page par page, mais une feuille de papier à la fois, on compose le nombre de pages nécessaire pour remplir cette feuille.

ÉDOUARD.

Mais le nombre de pages varie suivant les formats?

M. LEDUC.

Oui, mon fils : s'il s'agit d'un in-folio, qui est le plus grand format, il ne faut que quatre pages; pour un in-quarto, il en faut huit; pour un in-octavo, seize; pour un in-douze, vingt-quatre; pour un in-dix-huit, trente-six.

ÉDOUARD.

Pour l'in-folio, la feuille se trouve pliée en deux; pour l'in-quarto, en quatre; pour l'in-octavo, en huit.

M. LEDUC.

C'est cela même.

Supposons un in-octavo :

Le compositeur a seize pages à composer; il faut d'abord qu'il les *impose*, c'est-à-dire qu'il place ces pages dans l'ordre qui leur convient. Il les entoure de différentes pièces de bois qui formeront les marges, et serre fortement le tout dans un châssis de fer. Ces pages sont portées, placées bien en ordre, sur une table de pierre de liais très unie. L'ouvrier pose ensuite le châssis de fer qui entoure les pages, et il met entre les pages et le châssis des morceaux de bois moins hauts que les caractères; puis avec des coins et à coups de marteau il serre les pages de façon à ce qu'elles ne forment qu'une planche avec le châssis. Comme on imprime le papier des deux côtés, il y a toujours deux planches ou *formes* pour chaque feuille.

Il n'y a plus qu'à imprimer.

Les pièces principales d'une presse sont deux plateaux qu'une grosse et forte vis rapproche l'une de l'autre en pressant sur le plateau supérieur. Le plateau de dessous reçoitla planche, qu'on enduit d'une encre épaisse composée de noir de fumée broyée avec de l'essence de térébenthine et d'huile de noix ou de lin. La feuille que l'on veut imprimer est placée tout humide dans un châssis que l'on abaisse sur la planche, et que l'on y serre fortement au moyen pu plateau supérieur que la vis fait mouvoir.

Vous comprenez, mes enfants, que cette feuille humide prend ainsi l'empreinte des caractères enduits d'encre. Cette opération ne demande pas un quart de minute.

On retire immédiatement la feuille de la presse et on la fait sécher pour la livrer ensuite, avec les autres feuilles de l'ouvrage, aux plieuses, aux brocheuses et au relieur.

ÉMÉLIE.

Il ne nous reste plus qu'à relier notre livre.

M. LEDUC.

On se sert beaucoup moins aujourd'hui de la presse à bras dont je viens de vous parler; le tirage s'opère à la mécanique, c'est-à-dire par des machines appropriées et inventées en 1790 par un mécanicien anglais nommé Nicholson.

Je ne vous parlerai pas de la presse mécanique; vous ne comprendriez pas mes explications : à notre premier jour de congé nous en verrons fonctionner une dans une imprimerie.

Il ne nous reste donc plus, comme l'a dit Emélie, qu'à relier notre livre, et je ne vous en dirai que deux mots, car la soirée s'avance.

LAURE.

La dernière soirée de nos vacances, et notre voyage n'est pas fini! Je vois encore tant et tant de belles choses, tant et tant de merveilles dont je voudrais connaître l'histoire!...

M. LEDUC.

Ce sera pour nos premiers congés.

Le relieur, après avoir mis son livre bien en ordre, le divise en plusieurs cahiers qu'il *bat* successivement sur un bloc de pierre ou de marbre avec un marteau à tête convexe pesant une dizaine de livres; puis la couseuse rattache tous les feuillets.

Le livre ainsi rebroché revient entre les mains du relieur qui, après avoir fixé à chaque face une feuille de carton de même grandeur, l'*endosse* en égalisant tous les feuillets, en les imbibant à plusieurs reprises de colle de pâte pour qu'ils ne puissent bouger, et en les polissant avec un frottoir.

Il rogne la tranche et la couvre d'une dorure ou d'une couleur noire, jaspée ou marbrée.

Il bat de nouveau le volume, ce qui rend le carton plus ferme et plus mince.

Enfin, ayant appliqué au dos une bande de toile ou de parchemin mouillé, il colle la couverture.

Cette couverture est ou en parchemin, ou en basane, ou en veau, ou en maroquin.

Une bonne reliure doit être à la fois solide, légère, gracieuse, élastique; les marges doivent être égales, ni trop larges ni trop étroites. Il faut que le livre s'ouvre facilement, qu'il reste ouvert sans qu'on le tienne, et qu'il se ferme hermétiquement.

Mes enfants, l'heure est venue de nous séparer, et vous savez que dès demain je vous quitte pour tout un mois pour visiter un ami malheureux...

Nous reprendrons nos entretiens, notre grand voyage à nos premières vacances : comme Laure l'a dit, nous avons encore bien des merveilles à admirer sans même sortir de notre maison.

En attendant, repassez entre vous ce que nous avons étudié, et remercions l'auteur et le créateur de toutes choses, le Dieu qui, dans son infinie miséricorde, dans son ineffable bonté, a donné à l'homme le génie et la nature...

CHAPITRE VIII.

Le Thé (1).

— Papa, dit un jour Marie, pendant qu'on déjeunait, vous rappelez-vous de m'avoir demandé, pendant que nous lisions le récit du voyage du roi d'Espagne, pourquoi les gentilshommes de sa suite sortaient de voiture? Je vous répondis que c'était pour dîner ou prendre du thé; à quoi vous avez dit: Non, c'était parce que la voiture avait versé, ou restait enfoncée dans la boue; d'ailleurs on prenait rarement du thé dans ce temps-là.

LE PÈRE. Oui, mon amour, je me le rappelle bien; mais qu'est-ce qui vous y fait songer en cet instant?

MARIE. J'ai souvent pensé comment il se fait

(1) Les articles suivants sont extraits des *Soirées instructives et morales*, par Mme Trembicka, publiées par la même librairie.

que nous prenions du thé tous les jours, et nos ancêtres si rarement; je voudrais bien en savoir la raison, papa?

LE PÈRE. Ce sujet est très curieux en lui-même, — il est intimement lié avec notre commerce anglais, avec nos habitudes domestiques confortables. Que ferions-nous sans le thé? Mais ici il se présente une autre question. — Comment faisaient, pour s'en passer, ceux qui vivaient avant nous?

CHARLES. Marie n'a point tout avoué, papa. Nous désirions savoir, non-seulement l'histoire du thé, mais celle du sucre, du miel, du sel, du poivre; enfin de tout ce que nous buvons et mangeons, tout comme vous nous avez expliqué la manière de faire le pain, le fromage et le beurre. Marie vient à peine de commencer notre liste.

LE PÈRE. Très bien, mes enfants; je vous ferai part de mes connaissances par rapport à ces choses, mais en traitant d'une seule à la fois. Ainsi, Charles, tenons-nous-en à notre thé. Commencez par me dire ce que vous en savez, Henri?

HENRI. En vérité, papa, je sais seulement d'où le thé nous vient et ce que c'est.

LE PÈRE. Mon petit bonhomme, c'est déjà en savoir beaucoup. Voyons : d'où vient-il?

HENRI. Je vous vois prêts à rire tous les

deux; ce n'est pas joli du tout. Je sais qu'il vient de chez l'épicier.

LE PÈRE. Bien; et qu'est-ce que c'est?

HENRI. Je pense que c'est la feuille d'un arbre, car je vous l'ai entendu dire un jour que vous avez mis quelques feuilles de thé sur la nappe. Pourquoi rire, Marie?

MARIE. J'avais envie de rire, lorsque vous avez fait mention de l'épicier : papa voulait que vous disiez de quel pays nous venait le thé.

LE PÈRE. Eh bien! Marie, si vous vous moquez de Henri, autant vaut que vous nous appreniez de quel pays nous vient le thé.

MARIE. Je crois qu'il nous vient de la Chine, sans aller au-delà. Veuillez nous apprendre tout ce que nous ne savons pas à ce sujet.

LE PÈRE. Vous sembliez étonnée que nos ancêtres ne se soient pas servis de thé. Il est très récemment connu dans notre pays, et cependant toutes les classes en font usage comme s'il venait dans nos jardins.

MARIE. Qu'est-ce que nos ancêtres prenaient à déjeuner, papa?

LE PÈRE. Leur repas vous semblera convenir davantage à un garçon de charrue qu'à des dames et à des messieurs comme il faut. Ils prenaient de la soupe, du lait, de la bière et du vin. Mais ils appelaient dîner ce premier repas, et on raconte que seulement les moins valides, dont l'estomac était faible, se dispensaient du *jeûne* avant dîner; on leur apportait un petit plat bien léger dans leur chambre à coucher. Je pense que cette réunion si agréable, le déjeuner, où toute la famille se rassemble autour d'une table, était pour eux un repas inconnu sous ce nom.

MARIE. Mais qu'il leur fallait attendre longtemps ce dîner! Une personne qui eût même joui d'une bonne santé devait être fatiguée d'un si long jeûne.

LE PÈRE. Voilà, ma fille, que vous allez trop vite; et vous oubliez que nous avons changé et les noms et les heures. Faites quelques concessions à ces innovations, et nous nous trouverons rapprochés de nos ancêtres. Vous pensez à nos dîners de cinq, six, et même sept heures; peut-être même avez-vous entendu dire que dans le grand monde de Londres on se met parfois à table à neuf heures. Il ne faut pas vous imaginer que nos bons aïeux attendissent si longtemps sans prendre leurs précautions. — Autrefois, — et cela pas bien anciennement, — l'heure du dîner de nos colléges était une heure après midi; avant cela, c'était midi, — et même onze heures peu de temps auparavant. L'heure la plus matinale dont j'aie entendu parler était neuf heures. Il y a un vieux dicton imité du français ou peut-être les Français l'ont-ils de nous :

Se lever à cinq, dîner à neuf ;
Souper à cinq, coucher à neuf,
Fait vivre un homme à nonante-neuf.

Il est intéressant de voir dans les anciens règlements de colléges, dont les fondateurs dictaient les statuts pour les écoliers élevés à leurs frais, de voir, dis-je, plus de plats accordés pour le souper que pour le dîner. Ce ne fut qu'au milieu du dernier siècle que le thé devint commun en Angleterre. En premier lieu, il fut réservé aux gens riches et aux personnes du monde, chose très naturelle, car la livre coûtait 75 francs. Cela nous explique les petites tasses et théières de porcelaine que l'on a conservées comme des curiosités.

Marie. Comment, papa, celles que vous m'avez fait voir dans le cabinet de porcelaine ont jamais servi à de grandes personnes ! je les croyais à l'usage des enfants ou des poupées. Et c'étaient des tasses réelles ?

Le père. Oui, mon enfant, car on ne prenait pas le thé comme à présent ; seulement on en goûtait pour fortifier l'estomac ; et bien du temps s'est écoulé avant qu'il devint le breuvage ordinaire des classes inférieures. On le considérait comme la liqueur des dames, nullement faite pour les hommes, ni pour les femmes de fermiers. Je me rappelle d'avoir entendu dire à un vieux homme du comté de Northampton que sa grand-mère fut la première personne de son village qui s'accorda un tel objet de luxe. Il existe une tradition dans le comté de Glocester, qui, vraie ou non, prouve que le thé a été introduit fort tard dans les campagnes. La grand'mère d'une vieille dame est toujours citée par son nom, comme ayant reçu une ou deux onces de thé d'une amie de Londres, à titre de présent fort rare. Elle fit bouillir le thé dans une casserole, en ôta le jus, et fit accommoder les feuilles avec du sel et du beurre.

HENRI. C'est bien stupide cela, papa!

LE PÈRE. Comme vous y allez, mon beau monsieur! et cependant je doute que vous eussiez fait un meilleur usage de son présent, si vous n'en aviez jamais entendu parler. Voyons à présent ce que c'est que le thé, car nous savons seulement que c'est la feuille d'une plante et qu'elle nous vient de la Chine. On dit que c'est un joli arbre, qui ressemble beaucoup à nos myrtes. Elle vient au moyen de la graine; on en ôte soigneusement les feuilles; elles sont séchées, roulées et tournées dans la main, emballées et envoyées par tout l'univers. C'est une erreur de supposer qu'on ôte les feuilles des arbres quand ils deviennent sauvages. On les cultive avec le plus grand soin. Nous avons de jolies gravures qui nous font connaître le procédé dans toutes ses parties. Regardez celle-ci. Vous voyez ces arbustes plantés avec tant de régularité et cultivés avec tant de soin.

HENRI. Oh ! papa, veuillez m'expliquer tout. Ont-ils de drôles de chapeaux ! que fait cet homme qui tient ce long bâton dans sa main? Cela ressemble à une poële à frire.

LE PÈRE. Il arrose les plantes.

HENRI. C'est donc là un arrosoir? il ne ressemble pas aux autres. Et que fait cet autre homme? Ah ! je le vois, il apporte l'eau. C'est bien joli.

MARIE. Papa, permettez-moi de vous faire une question, — je vous vois toujours mêler le thé noir et le thé vert, à déjeuner : quelle différence y a-t-il entre les deux espèces?

LE PÈRE. Je ne le sais pas trop. Je pensais autrefois que le thé vert se composait de la plus belle et de la première récolte des feuilles qui viennent sur le même arbre, mais je suis à présent convaincu qu'il y a deux arbres bien différents. Un de nos meilleurs amis m'a donné dernièrement une belle boîte du Japon, remplie de fleurs séchées qu'on avait autrefois apportées de la Chine, et la personne qui s'en était chargée lui avait appris que ces fleurs étaient celles du hyson, ou plante de thé vert, espèce très différente du thé noir. C'est tout ce que je sais de positif à ce sujet; on a bien dit que le thé vert était séché sur des plateaux de cuivre, et qu'il est bien malpain, quoique son odeur soit si suave; je n'en crois rien, pour ma part. Je ne comprends pas pourquoi le thé vert nous empêcherait de dormir plutôt que le noir; toutefois, en parlant de moi, il faut que je convienne du fait, dont l'effet est assez général.

CHARLES. Les Chinois sont un peuple bien singulier.

LE PÈRE. Sans contredit. Henri a trouvé leurs chapeaux assez étranges, bien que la différence entre les leurs et les nôtres ne soit pas plus grande que celle qui existe entre les chapeaux à la mode en Angleterre et ceux d'autrefois. L'habitude nous familiarise avec des choses qui, dès le premier abord semblent singulières, et propres à convenir à des barbares.

Néanmoins, les Chinois sont vraiment un peuple extraordinaire. Jaloux des étrangers, ils ne leur permettent pas d'étudier leurs coutumes, leurs manufactures; ils leur défendent même l'entrée de leurs villes. Ils se nourrissent différemment de nous. Un jeune chien bien gras leur paraît un mets aussi délicat qu'un jeune agneau chez nous. Un de mes amis rencontra un jour un Chinois, avec deux jeunes chiens qu'il conduisait au marché. Mon ami les acheta et les sauva du boucher et de la broche : ils sont depuis devenus deux chiens très gentils. Il m'a conté que les Chinois avaient un plat très délicat, fait avec l'intérieur de nids d'oiseaux. C'est une espèce de substance glutineuse qui ressemble à l'extérieur à de la colle de poisson. La difficulté de se les procurer en fait la valeur : on met au pillage tous les endroits où ces nids se rencontrent. Vous avez entendu parler de la passion du fameux docteur Johnson pour le thé; il en prenait sans cesse avec plaisir, au grand étonnement de tout le monde. — Un excellent homme, mais à cet égard un peu extraordinaire, M. Jonas Stunway, attaqua violemment l'habitude croissante de prendre le thé, et le docteur Johnson ne dédaigna pas de prendre la plume pour le défendre de tout son pouvoir et lui assurer la victoire.

Voilà que nous avons épuisé toute la science du thé en ce jour, et il faut en finir pour aller à nos études.

CHAPITRE IX.

Le Miel.

— Papa, dit Henri aussitôt que les domestiques furent sortis de la chambre, vous avez promis de nous parler du sucre. Voulez-vous bien le faire ce matin? Je me rappelle tout ce qui a rapport au thé. Charles et Marie m'ont aidé à m'en ressouvenir.

LE PÈRE. Mais Charles a fait une très grande liste l'autre jour. Voyons ce que nous choisirons pour le joindre au sucre, dont nous allons parler.

HENRI. Ce sera le miel, papa. Tous les deux sont si doux! Les fait-on de la même manière?

MARIE. En vérité, Henri, vous devriez être un peu plus avancé que cela. Vous avez vu le miel et le rayon de miel ôtés de la ruche même chez le fermier Thompson, et vous savez que le sucre nous vient de l'étranger.

HENRI. Je sais cela, mais il y a dans d'autres pays des abeilles, aussi bien que chez nous, et je voulais demander à papa si les abeilles y faisaient le sucre : en est-il ainsi, papa ?

LE PÈRE. Il faut vous dire, Marie, que vous êtes trop exigeante à l'égard de votre jeune écolier. La supposition que l'on fait le sucre et le miel de la même manière n'a rien de si déraisonnable.

MARIE. Ce sont cependant des choses bien différentes. Le miel est presque comme de l'eau, tant il coule sur l'assiette, tandis que le sucre est sec comme le sable ou bien dur comme la pierre.

LE PÈRE. C'est pourquoi l'un est ce qu'on appelle fluide, et l'autre solide; cependant lord Bacon nous dit que les anciens avaient un miel dur et solide comme notre sucre. Je vous cite cela pour vous prouver que la question de Henri était moins stupide qu'elle n'en avait l'air. Pour ma part, je crois connaître une petite fille qui se dirait maltraitée si on l'appelait une sotte, parce qu'elle se serait avisée de douter que le sucre et la mélasse fussent de même espèce. Il y a cependant à l'extérieur plus de différence entre le sucre et la mélasse, qu'entre le miel et le sucre. Il faut que je prenne ici le parti de Henri.

CHARLES. Ainsi la mélasse est faite de la chose dont on tire le sucre, papa?

LE PÈRE. Certainement. — Je vois Marie un peu honteuse de la réprimande qu'elle a faite à Henri, et Henri a l'air assez satisfait de ce que je vous ai mise à la raison. Puisqu'il n'y a ni plaies ni bosses, de part et d'autre, et que le sujet nous convient, continuons.

MARIE. Papa, nous serons charmés d'en savoir davantage. Vous m'avez prouvé combien j'étais ignorante, tout en me croyant très savante; ainsi continuons, après que j'aurai donné un baiser à mon petit garçon.

LE PÈRE. C'est plus qu'une amende honorable, et vous devez être très satisfait, Henri. Maintenant que tout est en règle, je vais répondre à votre question. Le miel et le sucre ne sont faits ni de la même chose, ni de la même manière; vous saviez déjà que le miel était l'œuvre de l'active petite abeille. Je ne vous en conterai pas l'histoire, car je me propose de vous donner bientôt un joli petit livre qui a pour titre : *Les insectes et leurs habitations*, où vous trouverez de quoi vous instruire et vous amuser. Là, vous allez voir avec quel soin l'abeille bâtit ses cellules, et les enduit de cire; là, vous apprendrez à admirer l'instinct qu'une sage et bonne Providence a départi à d'aussi petits insectes. Pour le moment arrêtons-nous au miel. La grande différence qui existe entre le miel et le sucre est que le miel de la meilleure espèce nous vient sans que le labeur de l'homme y soit pour quelque chose, tandis que le bon sucre est celui qui en demande le plus

CHARLES. Comment cela se fait-il, papa? vous nous l'expliquerez tantôt, car je ne puis le comprendre à présent.

LE PÈRE. Et je ne m'en étonne pas; nous ne savons pas encore comment le miel se forme, ni comment le sucre est fait. Mais n'oubliez pas que plus le sucre est artificiel, et plus le miel est naturel, mieux on s'en trouve : commençons par le miel. Aussitôt que les petites abeilles ont fait leurs cellules (que nous appelons rayon de miel, une fois qu'elles sont formées et bâties), aussitôt qu'elles ont déposé leur cire (ouvrage qui coûte à ces actifs travailleurs plus de temps et d'efforts que toute la récolte de leur miel), les abeilles, qui ne veillent ni ne travaillent point à la ruche, qui ne soignent pas leurs jeunes sœurs ou leur reine, se mettent en campagne pour extraire le suc des fleurs. Choisissant celles qu'elles aiment le mieux, elles en pompent le contenu et retournent à la maison, chargées aussi pesamment que l'industrieux moissonneur au temps de la récolte. Elles y déposent leur fardeau, et, s'il en est temps encore, on les voit retourner à leurs gracieux travaux.

MARIE. Voudriez-vous nous apprendre, papa, comment elles tirent le miel des fleurs? Le trouvent-elles là tout prêt, ou sont-elles obligées de le préparer?

LE PÈRE. Le suc savoureux se trouve dans le calice de la fleur où l'abeille va le puiser; elle l'avale, et il se transforme en miel pur dans cette partie de leur petite forme que l'on appelle bouteille de miel. J'ai vu souvent des écoliers attraper une abeille (mais pour la plupart du temps une abeille bourdon), lui enlever sa bouteille de miel, et en manger le contenu. Cela m'a toujours paru bien cruel.

CHARLES. J'aurais cru que le miel se trouvait dans cette poussière jaune qui est déposée sur les abeilles. Je les ai souvent observées chez nous.

LE PÈRE. C'est une erreur très pardonnable dans un novice en fait d'histoire naturelle. Non. — La poudre jaune dont l'abeille est couverte vient de son contact avec les fleurs, qui lui sert à faire ce que nous appelons le pain de l'abeille. Aussitôt le retour de l'abeille à la ruche, ses compagnes la débarrassent de son fardeau et pétrissent en pain cette poudre jaune nommée *farine*. L'abeille dépose dans les cellules le suc si doux que renferme sa bouteille. A présent je m'en vais vous faire comprendre ce que j'ai dit auparavant : moins l'homme s'en mêle et plus le miel est pur.

HENRI. C'est ce que je désire savoir, papa.

LE PÈRE. Quand la ruche est pleine, et prête pour ses maîtres, ils en retirent les rayons de miel et laissent le miel couler de lui-même ; c'est là ce qu'on appelle le miel vierge, parce qu'il est le plus clair, le plu pur, le meilleur. Ils pressent ensuite les rayons, et en retirent un miel de seconde qualité; et la dernière qualité, la moins bonne (car rien n'y est mauvais), on l'obtient en chauffant les rayons et en les mettant sous presse. Ainsi, le jus qui coule de lui-même sans aucun moyen artificiel est le plus fin et le plus doux; nous verrons à ce sujet un contraste frappant entre le miel et le sucre.

MARIE. J'espère que ce n'est pas tout; j'aime tant à entendre parler de l'industrieuse abeille !

LE PÈRE. Vous oubliez que je vous ai promis un petit livre : *Les insectes et leurs habitations*; car notre conversation portait sur le miel et non sur ses petits ouvriers.

MARIE. Je cherche à comprendre comment Dieu a pu nourrir les enfants d'Israël avec du miel tiré d'un bloc de pierre?

LE PÈRE. On interprète ce passage de deux manières, et quelle que soit celle que nous adoptions, nous ne nous en trouverons pas mal. La terre de promesse était une contrée rocailleuse, et on dit que les abeilles sauvages forment leurs rayons dans les rochers et le creux des arbres, en profusion. Saint Jean-Baptiste se nourrissait de miel sauvage dans le désert, et Jonathan goûta du miel qui découlait d'un arbre, quoique quelques-uns pensent que c'était plutôt un suc mielleux. Nous savons que la Palestine était remplie de miel, on l'appelle un pays où coule le lait et le miel; et si, comme on nous le dit, on voit de nos jours les nids d'abeilles suspendus parmi les rochers, en nombre infini, cela explique ce passage, Marie.

MARIE. Si bien, papa, que nous ne voulons plus chercher d'autres raisons.

LE PÈRE. Vous avez tort, je vous ai dit qu'il y en avait une autre, et vous ne deviez pas en rester là. Vous ressemblez à ce vieux juge dont je vous ai parlé.

HENRI. Je me le rappelle bien, papa; il ne voulait écouter qu'une partie, car deux adversaires troublaient ses idées.

LE PÈRE. C'est cela, mon ami. — Quant à l'autre manière d'interpréter ce passage, Marie, c'est qu'on gardait beaucoup d'abeilles en Palestine, et quoiqu'elle semblât rocailleuse et peu féconde, Dieu eût fait trouver aux abeilles de riches dépôts du côté des montagnes, comme si elles se fussent trouvées aux bords du Nil ou dans les fertiles vallées de l'Arabie. Cela me ramène encore à faire une remarque sur ce petit livre : *Les insectes et leurs habitations*, où une sentence me paraît hasardée. L'auteur dit : « Il ne faut pas imaginer que les Juifs soignassent les abeilles de la même manière que nous; » je crois qu'il se trompe, et que les Juifs s'en occupaient comme nous. Et s'ils l'eussent ignoré avant de venir en Egypte, ils eussent appris là à les soigner; je ne vois pas de raison de mettre ce fait en doute. Nous en avons bien assez parlé pour mettre fin à notre conversation; nous n'avons même pu aborder la question du sucre, que nous réserverons pour demain. Il faut cependant que je vous raconte une jolie histoire sur la manière dont les Egyptiens soignent leurs abeilles, même de nos jours, sur les bords du Nil. Vous savez, Charles, en quoi le Nil diffère de nos rivières et de la plupart des fleuves du monde.

CHARLES. Il inonde tout le pays à une grande distance, et pendant une grande partie de l'année.

LE PÈRE. A la fin du mois d'octobre, le Nil se retire du rivage. Ses eaux commencent par quitter les terres de la Haute-Egypte, qui deviennent dès-lors propres à la culture, et le climat y étant plus chaud, les récoltes, particulièrement le sainfoin, viennent à maturité avant l'époque où cela a lieu dans la Basse-Egypte. Afin que leurs abeilles puissent jouir de la suavité des fleurs le plus tôt et le plus longtemps possible, les maîtres des abeilles envoient leurs ruches de toutes les provinces de l'Egypte dans ce district. Arrivées là, on les place en forme de pyramides dans les bateaux préparés à cette intention. Les abeilles vont butiner dans les champs situés à l'entour, et quand il est dit qu'elles ont épuisé les richesses d'une station, on fait descendre la rivière aux bateaux, à trois milles de distance du lieu où elles prennent leurs quartiers. Cette récolte continue jusqu'au commencement de février, époque à laquelle nos actifs voyageurs arrivent à la mer. Toutes les ruches étant marquées, on les renvoie à leurs maisons respectives avec la provision précieuse qu'elles ont faite pour tenir compte des soins de leurs maîtres. Il est intéressant d'observer que chaque abeille retrouve sa propre ruche, comme une compagnie de bûcherons retourne à son humble cabane, après avoir travaillé dans la forêt. On dit que les abeilles ne se trompent jamais.

Maintenant, à nos leçons, mes chers enfants. J'espère que le miel ne sera pas plus doux à vos lèvres que votre devoir à votre bon sens. Eriger ce devoir en plaisir, est, comme je vous l'ai dit, le secret du bonheur.

CHAPITRE X.

Le Sucre.

LE PÈRE. Je n'ai pas oublié, Charles, que lorsque nous avons parlé si longtemps du miel, le sucre n'a pas été de la partie : mais non, j'ai bien dit à Henri qu'il n'était point fait par les abeilles.

HENRI. Voilà tout, — mais nous ignorons comment il est fait, et je ne pense pas que Marie soit plus savante, bien qu'elle se soit moquée de moi, parce que j'avais dit qu'il venait de chez l'épicier.

MARIE. Si vous y revenez encore, Henri, je vous croirai sérieusement fâché contre moi; je n'avais nullement l'intention de vous faire de la peine.

LE PÈRE. J'en suis bien sûr, et votre frère ne l'est pas moins; seulement, je pense que vous avez touché une corde très sensible. Allons, Henri, examinez votre sœur et je resterai simple témoin.

HENRI. Je ne le pourrais pas, faites-le vous-même, papa. — Une seule question. — Marie, d'où vient le sucre?

MARIE. On nous l'apporte des Indes-Occidentales, sur des vaisseaux qui en arrivent.

HENRI. Papa, c'est votre tour.

LE PÈRE. De quoi le fait-on, et comment?

MARIE. Mais, de la canne à sucre. — Comment? je n'en sais rien. Charles a lu quelque chose au sujet des pauvres nègres, et il m'a dit qu'on les fait travailler au sucre.

CHARLES. C'est là où se borne ma science. Papa va nous dire tout.

LE PÈRE. J'espère, mes enfants, que vous aurez toujours soin de parler entre vous de ce qui fait le sujet de nos conversations. C'est un exercice aussi utile qu'agréable pour trois ou quatre enfants d'un bon naturel, d'examiner ensemble ce qu'ils ont eu le moyen d'apprendre. Je dis des enfants d'un *bon naturel*, car s'ils se fâchent ou s'ils ressentent une fausse honte en ne répondant pas juste, il s'ensuit plus de mal que de bien; il en est de même lorsque les plus instruits sont flattés, ou tirent vanité de leur supériorité. J'espère que mes enfants sauront s'en préserver.

La plantation de la canne à sucre demande

beaucoup d'habileté et de soins. On commence par faire des trous carrés, à quatre pieds de distance l'un de l'autre, et en rangs réguliers: et on plante dedans des tiges longues d'à peu près 12 pouces, qu'on a coupées de la partie supérieure des vieilles cannes à sucre. Ces tiges, trempées dans l'eau vingt-quatre heures avant d'être plantées, demandent beaucoup d'humidité pour fleurir et pousser. On en met deux ou trois dans les petites tranchées de chaque carré, que l'on recouvre de terre. Ceci est l'ouvrage des enfants nègres.

Au bout d'un an, les cannes sont prêtes pour la récolte; les nègres se placent dans un rang régulier pour y procéder. Ils commencent par couper la pointe de la canne à sucre, longue d'à peu près dix-huit pouces, dont on se sert pour lier les faisceaux. — La seconde partie de la canne à sucre est gardée pour les plants de l'année prochaine, et le reste taillé en tiges de trois pieds de longueur, dont on forme des faisceaux de vingt à trente pièces qu'on envoie au moulin, où elles sont écrasées et broyées. J'en ai une gravure dans mon portefeuille; Charles n'a qu'à l'apporter. Cela servira à nous expliquer toute l'opération. Le jus qu'on en extrait coule dans un réservoir au travers d'un canal de plomb. Dans ce réservoir, il se débarrasse de tous les petits morceaux de canne, et on le conduit, au travers d'un tuyau, dans le vase destiné à le recevoir. Je ne vous décrirai pas la manière de l'épurer et de le bouillir; on a écrit à ce sujet des ouvrages pleins de clarté et d'exactitude. Aussitôt qu'il a été préparé, après qu'on l'a bouilli, écumé, refroidi, purifié au moyen de la chaux et autres procédés réguliers, on le met dans des barriques; la mélasse en découle, les barriques sont entourées de fer, et le sucre nous arrive en Angleterre. Ceci s'adressait à vous, Marie.

MARIE. Et je sais bien pourquoi; c'est que vous vouliez me faire rougir de mon amour-propre et de mon ignorance. Je me moquais de mon petit écolier, parce qu'il s'imaginait que les pauvres abeilles nous donnaient le sucre et le miel à la fois, et j'ignorais que le sucre et la mélasse provenaient de la même source. Mais, papa, il y a une plus grande différence entre un pain de sucre et la lie du sucre, qu'il n'y en a entre la mélasse et le miel : tous les deux sont-ils faits de la même manière, papa?

LE PÈRE. Assurément non; jusqu'ici nous avons parlé de la lie du sucre, et c'est en l'épurant d'une certaine manière que nous parvenons à obtenir le sucre royal, c'est-à-dire le sucre blanc. La transformation s'opère en Angleterre en raffinant le sucre : vous serez surpris d'apprendre que cette opération se fait au moyen du mélange du sucre brun avec l'eau de chaux et le sang de bœuf. C'est pour le nettoyer, le purifier, le raffiner en un mot; le sang monte au haut du vase, emportant avec soi toutes les impuretés. Après qu'on l'a fait bouillir, refroidir et bouillir à nouveaux frais, la liqueur est versée dans des formes; ce qui reste de mélasse et de fluide de couleur s'en écoule; les pains de sucre sont mis dans un four et entièrement séchés. C'est alors, Henri, qu'ils quittent le raffineur pour aller chez l'épicier; de là on l'apporte ici, où je crois connaître un petit bonhomme qui aime le sucre tout comme ses lapins aiment le persil.

MARIE. J'ai souvent entendu dire que les Juifs étaient fort arriérés, quant à l'usage des bonnes choses de ce monde; mais je suppose que les Grecs et les Romains ont connu le sucre : est-ce vrai, papa?

LE PÈRE. Dans le cas dont il s'agit, les Grecs et les Romains n'étaient pas mieux partagés que les Juifs. Ils ont dû ne pas en avoir l'idée, vu l'attention avec laquelle ils soignaient leurs abeilles.

Nous estimons très peu le miel, comparativement à ce que nous aurions fait si le sucre nous fût resté inconnu. Il y aurait eu mille ruches pour une dans cette circonstance. Je vois, Marie, que vous avez lu en anglais les Géorgiques de Virgile.

MARIE. Oui, papa, je les ai lues, et c'est une bien belle poésie. Il y a tout un livre pour les abeilles.

LE PÈRE. Le prix qu'on attachait à « cette douce nourriture » se fait voir dès la première ligne, ou le poète l'appelle un don du ciel. Charles, vous éprouverez un jour tout le plaisir que votre père a senti en lisant ce délicieux ouvrage de l'antiquité. Mais il vous faut étudier avec ardeur, avant d'en connaître les jouissances. Ce n'est pas le seul fruit qu'on goûte après qu'on a pris bien des peines pour briser l'écorce. Quant au sucre, les auteurs qui en parlent démontrent que tout ce qu'ils en savaient à ce sujet leur venait par ouï-dire. Ils l'appellent le miel des roseaux, et nous disent qu'on ne s'en servait que dans la médecine; ils ont pensé qu'il découlait naturellement de la canne, comme la gomme. D'après la description de Pline, on suppose qu'il parle du sucre candi, que les marchands apportaient de la Chine dans l'Inde, d'où il parvenait en petite quantité à Rome. Les Chinois ont connu très anciennement la méthode de faire le sucre candi.

HENRI. Je ne me rappelle pas de vous avoir entendu dire de quoi était fait le sucre candi, et comment on s'y prenait pour le confire. Je l'aurai peut-être oublié.

CHARLES. Non, Henri, papa n'en a point parlé; je pense qu'on le fait avec du sucre.

LE PÈRE. Je crois, Charles, que quelque chose d'approchant se fait avec du miel, ce que vous concevrez aisément, en examinant l'intérieur de la jatte où l'on gardait le miel, qu'on en retirait au fur et à mesure. Mais il est fait à présent, comme nous le dit son nom, de sucre *confit, candi*. On y procède de la manière suivante : on fait bouillir le sucre jusqu'à ce qu'il devienne épais; puis, on le place dans une chambre chauffée, et on plonge dedans des cordons et de petites lignes autour desquelles le sucre se candit, c'est-à-dire se forme en cristaux de glace; il n'est rien moins que mauvais, vous en conviendrez. Il faut que j'ajoute une circonstance qui a un rapport direct avec le sucre, et que j'ai oubliée l'autre jour, c'est que bien que nous ayons en Angleterre le produit de la canne à sucre, on peut le fabriquer de plusieurs sortes de végétaux, entr'autres de la betterave. Pendant notre longue guerre avec la France, aucun vaisseau des Indes-Occidentales ne pouvait entrer dans ses ports, et Napoléon encouragea ses sujets à faire du sucre de betterave sur leur propre sol, industrie qui vient d'acquérir une assez grande extension. En Amérique, ils font une grande quantité de sucre d'une espèce d'érable.

MARIE. J'aurais cru que vous alliez dire d'un tilleul, papa, car il me semble que cet arbre renferme beaucoup de miel. Lorsque nous étions assis à l'ombre de notre beau tilleul, à la maison, nous entendions les abeilles bourdonner activement au-dessus de nos têtes; tout un essaim s'y réunissait en même temps.

LE PÈRE. Les abeilles affectionnent particulièrement le tilleul, et avec raison, car ses feuilles sont si douces au goût, que le miel semble en découler. Dans ce beau poème — sa quatrième géorgique, — Virgile dépeint le caractère et les habitudes d'un vieux homme industrieux, honnête, qui possède quelques arpents de terre, où il ne peut y avoir ni brebis, ni bétail, ni vin. Sa chaumière est entourée néanmoins de fleurs et d'herbes odoriférantes : la verveine, l'acanthe, le pavot, les lis et les roses embellissent cet asile de la gaîté et du bonheur. L'hiver, le printemps, l'été, l'automne lui apportent leur part de travail et de jouissances. Il allait de bonne heure à sa besogne et ne se reposait ni ne prenait son frugal repas que lorsque la nuit l'avertissait de quitter son labeur. Son verger pliait chaque automne sous le poids des fruits mûrs. Le poète spécifie le poirier, le pommier et le prunier, auxquels il ajoute l'ormeau, le platane, le pin et le tilleul. Virgile semble avoir voulu décrire un tableau de simplicité primitive, le contentement, le bonheur de la vieillesse libre du besoin et des soucis, vouée aux travaux journaliers de la vie champêtre. Toute cette scène est si belle que j'engageai quelques-uns de mes amis à me procurer une peinture qui pût présenter aux yeux ce que le poète décrit avec des couleurs si suaves. Ils s'y prêtèrent de bon cœur, et vous trouverez ce charmant dessin dans mon Virgile, Charles. Prenez-le sur ces tablettes. Un ecclésiastique du comté de Kent, homme de goût et de savoir, l'a dessiné. C'est d'une grande beauté.

CHARLES. En effet, c'est charmant. Mais quel singulier arbre dans cette autre gravure! je n'ai rien vu de semblable. Papa, dites-moi ce que c'est; est-ce bien un arbre réel?

LE PÈRE. C'en est un très réel, et c'est un tilleul. J'ai été le voir avec des dames qui m'ont donné ce dessin, et après que nous nous fûmes balancés sur ses branches, nous nous assîmes sous son ombrage, et prêtâmes l'oreille à de jolis chants. J'ai mesuré moi-même cet arbre, il a 33 pieds de largeur d'une extrémité des branches à l'autre. Quelques-uns de ses rameaux touchent la terre, d'autres sont à deux ou trois pieds au-dessus du sol, et les branches inclinées et déformées sont autant de siéges pour les dames, sur lesquels elles peuvent se balancer comme sur une escarpolette. La demeure du viel homme était dans le voisinage de Farente, auprès des plaines fécondes que le courant noir du Galésus arrose. Il faut supposer que c'était une cabane d'où l'on voyait la vaste étendue des mers. Le véritable tilleul dont mes amies ont fait un si joli dessin fleurit toujours à Moorparc. Si vous y allez jamais, ayez bien soin de le visiter. A présent, Henri, c'est à vous de me dire si la ferme ne présentait pas ce qu'il fallait pour le blé, les brebis, le bétail ou le vin, quelle était l'occupation du vieillard. Regardez la gravure et tâchez de deviner.

HENRI. Papa, je le vois. Il soignait les abeilles, et vivait de leur miel et de ses fruits. Eh bien! il n'en était pas moins heureux

LE PÈRE. J'ai souvent pensé que Virgile voulait donner la description d'un ermite païen ; et je ne doute pas que le vieillard corycien (comme il l'appelle) ne jouît, au déclin de son âge, de ce qui compose la félicité d'un païen. Il y manquait bien quelque chose qu'en dites-vous, Marie?

HENRI. Papa, que veut dire un païen?

LE PÈRE. On appelle ainsi un homme qui ne connaît pas le vrai Dieu, — qui n'est pas éclairé par la lumière de l'Evangile, qui ne croit ni ne comprend rien au christianisme.

MARIE. Oh! papa, votre réponse m'a révélé votre pensée, quand vous disiez que le vieillard était aussi heureux qu'un païen pouvait l'être, mais qu'il y manquait quelque chose. C'était l'espoir de la vie éternelle, n'est-ce pas?

LE PÈRE. Oui, mon amour. Il existe une grande différence entre le déclin des années de celui qui envisage sa mort comme « la porte d'une nouvelle vie, » et l'homme à qui elle apporte la fin de toutes choses, — lui enlevant tout ce qu'on aime ici-bas, sans lui rien donner pour le remplacer. C'est une sombre perspective pour la vieillesse; le rayon consolateur présenté par la religion chrétienne y place une nouvelle espérance. Aussi, mes chers enfants, vous aurez un jour la consolation de voir votre père descendre au tombeau avec ce calme, cet espoir en Dieu, et prêt à répondre à son appel.

MARIE. Papa. il ne faut pas nous parler de nous quitter; cela me donne envie de pleurer; Charles et Marie souffrent aussi, mais ils ne vous le diront pas.

LE PÈRE. Oh! Henri, les yeux et les regards de Charles et de Marie m'ont suffisamment révélé ce qu'ils sentent en cet instant. Il nous faut être toujours préparés à être séparés les uns des autres, mes très chers enfants, et il ne serait ni sage ni prudent à moi d'éviter ce pénible sujet, de peur de vous faire de la peine. Vous êtes d'âge à comprendre que la mort nous enlève nos amis, et vous devez apprendre qu'un chrétien doit être préparé à cette épreuve quel que soit le moment où elle vient le frapper.

HENRI. Mais, papa, vous n'êtes pas un vieillard, nous pouvons vous garder bien des années avec nous.

LE PÈRE. Avec tout cela, Henri, vous pourriez me perdre demain. Vous connaissez le vieux dicton : Un vieillrad doit s'attendre à mourir, et le jeune homme ne doit pas compter sur la vie; chacun de nous peut être appelé dès demain.

CHARLES. Papa, nos cœurs seraient brisés, si nous devions vous perdre.

LE PÈRE. Je ne vous cache pas, mon enfant, que cette séparation serait la plus douloureuse de mes épreuves ici-bas, à l'exception d'une seule. Là encore, Dieu me donnerait la force de supporter le coup qu'il m'aurait infligé. Et dussé-je vous être enlevé, je me dirais, en songeant à chacun de vous, que je continue à vivre dans vos cœurs.

MARIE. Puis-je vous demander, papa, quelle était la douloureuse épreuve à laquelle vous venez de faire allusion?

LE PÈRE. Je n'y puis songer sans frémir, et je demande tous les jours au bon Dieu de m'épargner l'horreur de voir un de mes enfants engagé dans les voies du vice et de l'impiété.

— Oh! papa, dit Charles, nous ne serons

jamais assez ingrats pour vous faire ce chagrin ; je serai bien vigilant dorénavant.

MARIE. Nous nous efforcerons tous les trois d'être bons, et de vous faire plaisir, pour être le charme de votre vie, comme vous nous dites que nous le sommes.

LE PÈRE. J'y compte, mes chers enfants. A présent retirez-vous, et n'oubliez pas le mot d'ordre du chrétien : *Veillez et priez*.

CHAPITRE XI.

Le Beurre.

PAULINE. — Maman, que fait là cette femme avec un bâton qu'elle remue dans un petit tonneau?

Mme DE VERTEUIL. — Elle fait du beurre, Pauline.

PAULINE. — Et comment donc se fait le beurre, s'il vous plaît?

Mme DE VERTEUIL. — Tu as bien vu quelquefois traire les vaches dans la prairie?

PAULINE. — Oui, maman; l'autre jour encore lorsque ma grand'maman nous fit prendre du lait chaud pour notre goûter.

Mme DE VERTEUIL. — Eh bien! Pauline, c'est avec ce lait que l'on fait le beurre. On le met d'abord reposer au frais dans de grandes jattes; puis, lorsqu'il y est resté quelque temps, la partie la plus grasse du lait vient flotter au-dessus : c'est ce que l'on appelle la crême. Lorsque la crême s'est ramassée en flottant au-dessus du lait, on la tire avec une grande cuiller pour la mettre dans une autre jatte; de là on la verse dans un petit tonneau pareil à celui que cette femme a devant elle, et que l'on appelle une baratte.

PAULINE. — Ensuite, maman, je vous prie?

Mme DE VERTEUIL. — Lorsque l'on a versé la crême dans la baratte, on se met à la battre avec un bâton au bout duquel il y a une petite planche ronde percée de trous; puis quand la crême a été quelque temps battue, la partie la plus grasse commence à se séparer et se rassemble en masse; alors voilà le beurre fait. Veux-tu que nous allions voir celui qui est dans la baratte de cette femme?

PAULINE. — Je ne demande pas mieux, maman.

Mme DE VERTEUIL. — Viens, ma fille. (*En avançant vers la fermière.*) Bonjour, ma bonne amie; voudriez-vous nous permettre de voir comment vous battez votre beurre?

LA FERMIÈRE. — Avec plaisir, Madame. Approchez-vous, ma petite demoiselle, je vais vous le montrer.

Mme DE VERTEUIL. — Votre beurre est-il bien avancé?

LA FERMIÈRE. — Oui, Madame; il commence à se faire. (*Elle ôte le couvercle de la baratte.*) Vous allez voir.

Mme DE VERTEUIL. — Regarde, Pauline; vois-tu cette masse blanchâtre? c'est le beurre. Regarde maintenant au bout du bâton, cette petite planche ronde avec des trous dont je te parlais tout-à-l'heure.

PAULINE. — Oui, maman.

Mme DE VERTEUIL. — C'est avec cet instrument que cette bonne fermière a battu sa crème. Vois-tu comment, à force de battre la crème, le beurre se forme peu à peu?

LA FERMIÈRE. — Attendez; je vais battre un moment à découvert; vous en verrez mieux ce qui se passe.

Mme DE VERTEUIL. — Vois-tu, Pauline, comment, à force de battre la crème, le beurre se forme peu à peu?

PAULINE. — Oui, maman : cela est singulier.

LA FERMIÈRE. — Vous avez vu, je crois, ma petite demoiselle. Je vais à présent remettre le couvercle, car autrement je ne puis battre assez ferme; et puis, vous le voyez, je ferais sauter la crème hors de la baratte.

Mme DE VERTEUIL. — Ma bonne amie, je vous remercie de nous avoir laissé voir avec tant de complaisance.

PAULINE. — Et moi aussi, je vous remercie

de tout mon cœur. Je saurai à présent ce que c'est que le beurre, lorsque j'en mangerai.

Mme DE VERTEUIL. — C'est fort bien, Pauline. Sais-tu maintenant comment on appelle ce qui reste de la crême au fond de la baratte?

PAULINE. — Non, maman.

Mme DE VERTEUIL. — On appelle cela du lait de beurre.

PAULINE. — Quoi! maman, c'est là ce lait de beurre que je prends quelquefois le soir avec de l'orge mondé ou du pain?

Mme DE VERTEUIL. — Oui, ma fille.

PAULINE. — Oh! je l'aime bien, maman.

Mme DE VERTEUIL. — C'est une fort bonne nourriture pour les enfants. Mais veux-tu que je te dise ce que la bonne femme va faire encore à son beurre pour le rendre meilleur?

PAULINE. — Oui, maman : je serai fort aise de l'apprendre.

Mme DE VERTEUIL. — Lorsque cette bonne fermière aura tiré de sa crême tout le beurre qu'elle peut en avoir, elle le lavera bien avec de l'eau fraîche, puis elle le pétrira, pour en faire sortir le peu de lait qui s'y trouve encore; puis, après y avoir mis un peu de sel, elle le pétrira de nouveau afin qu'il se trouve également salé partout. Lorsqu'on n'y a pas mis du sel, il ne tarde guère à se gâter, et à prendre un goût rance et désagréable; mais plus on y met de sel, et plus longtemps il se conserve.

Regarde, Pauline, la bonne fermière est maintenant occupée à laver son beurre. Eh bien! Pauline, ce beurre ne commence-t-il pas à te paraître friand?

PAULINE. — Oui, maman.

Mme DE VERTEUIL. — Veux-tu que je prie cette brave fermière de nous en apporter demain pour déjeuner?

PAULINE. — Oui, maman, j'aurai plus de plaisir de le manger après l'avoir vu faire.

Mme DE VERTEUIL. — Voudrez-vous bien, ma bonne amie, nous porter demain une livre de votre beurre?

LA FERMIÈRE. — Très volontiers, Madame.

Mme DE VERTEUIL. — Je vous rends grâce de votre complaisance.

PAULINE. — Je vous suis aussi bien obligée, ma bonne amie, de m'avoir laissé voir faire votre beurre; et lorsque j'en mangerai demain à mon déjeuner, je me souviendrai encore de votre bonté.

FIN.

TABLE.

FIN DE LA TABLE.

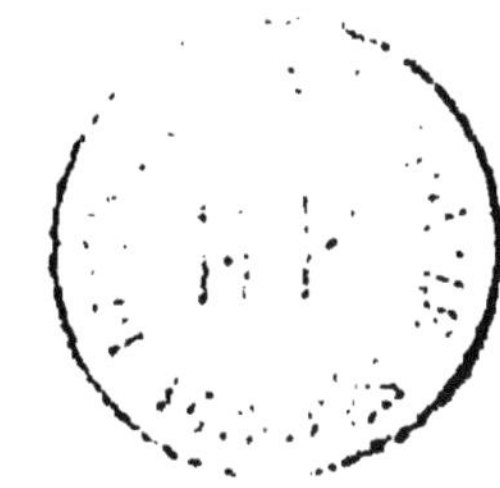

Limoges. — Impr. Eugène ARDANT et Cie.

www.ingramcontent.com/pod-product-compliance
Ingram Content Group UK Ltd.
Pitfield, Milton Keynes, MK11 3LW, UK
UKHW020246250726
13967UKWH00004B/1542